# 不動産
# 権利者の調査・特定をめぐる実務

編著　山田 猛司（全国公共嘱託登記司法書士協会協議会会長）

新日本法規

# す　い　せ　ん

　この度、全国公共嘱託登記司法書士協会協議会の構成員たる司法書士が中心となって「不動産　権利者の調査・特定をめぐる実務」が出版される運びとなりました。

　同協議会は、嘱託登記の専門受託団体である各都道府県の公共嘱託登記司法書士協会が設立した団体であり、各地の協会の嘱託登記受託促進のために活動をされてきましたが、司法書士の不動産登記実務に関する研究も鋭意行っておられ、その一環として設置された内部組織である「未登記問題研究会」が取り組んでこられた成果を今回書籍の形として発表されることとなりました。

　不動産の売買や利用権設定等の契約をする場合は、契約の相手方として所有者（権利者）を特定することが当然必要となりますが、近年相続登記が未了のままになっていること等が原因で、登記情報から直ちに所有者を特定できない、あるいは所有者が特定できてもその所在が直ちに判明しないといういわゆる「所有者不明土地」が増加して、取引の障害となっております。このような場合は、様々な方法を駆使して所有者の調査・特定をしなければなりませんが、ときに専門的な情報、実務の経験や多大な労力が必要となる場合があり、その作業は困難を伴うものとなっています。

　このような場合には、必要な知識と豊富な実務経験を持つ司法書士のアシストが期待され、司法書士が関与することで、所有者の調査や特定におけるコスト削減及び困難な課題の解決等が図られると考えます。

　本書は、同協議会の「未登記問題研究会」のメンバーを中心とした司法書士が、所有者の調査・特定や課題解決までの事務について実務経験を踏まえた上でわかりやすく解説した良書となっています。

「所有者不明土地」問題の解消について司法書士に対して大きな期待が寄せられている今、多くの司法書士が本書を活用し社会に貢献すること、そしてさらに本書が自治体担当者等を含めて広く関係各方面でご利用いただけることを心から期待し、すいせんいたします。

　平成31年1月

日本司法書士会連合会
会　長　今 川 嘉 典

# は　し　が　き

　近年、住所変更による変更登記や相続による所有権移転登記等の申請をしないことなどにより、不動産の登記情報から所有者を特定できない不動産が増加し、公共事業や災害復興事業、取引の障害となっています。少子高齢化や国際化を考えるとこのような不動産の増加傾向は今後も続くと思われます。

　所有者不明以外にも、完済済みローンの抵当権や数十年前の買戻特約の登記などが残っている不動産は全国に数多くあり、抹消登記などの対応をとらない限り、新たな融資の申込みをはじめ、利用権の設定や収用、買取り等が困難となる場合があります。

　このような不動産の権利設定や取引の依頼を受けた専門家は、不動産の所有者や抵当権者などの権利者を特定した上で、不在者財産管理制度や登記請求訴訟などの法的手続を駆使してその実現を図ることになりますが、権利者の調査や事案に応じた手続の選択、書類作成など、必要な知識を把握しておくのは容易ではありません。

　そこで、不動産登記の権利部について、登記情報と現状に離齬がある場合や解決すべき課題がある場合を取り上げ、権利者の調査や特定、課題解決までの実務を解説する本を発行し、関係者の利便に供しようということとなりました。

　官公署からの権利調査（所有者や相続人の調査等）を数多く受託している公共嘱託登記司法書士協会の関係者たちによる共同執筆という形で本書を書き始めたところ、発刊に至るまでに様々な法令改正等があり、執筆している最中にも内容を加筆・修正し、バージョンアップする場合もありましたが、無事完成することができました。

　本書が、空き家問題や所有者不明土地問題の解決等の一助となり、また権利調査の実務に携わる方たちの参考となれば望外の喜びです。

なお、本書の刊行にあたっては、新日本法規出版株式会社の内藤弘
行氏に大変お世話になったことを記して、感謝の意を表します。

　平成31年1月

全国公共嘱託登記司法書士協会協議会

会　長　山田猛司

# 編集者・執筆者一覧

## ＜編 集 者＞

山 田 猛 司 （司法書士）
　　（全国公共嘱託登記司法書士協会協議会会長）

## ＜執筆者及び所属協会＞ （五十音順）

市 川 政 秀 （司法書士）
　　　　一般社団法人　山梨県公共嘱託登記司法書士協会

岡 野 直 史 （司法書士）
　　　　公益社団法人　東京公共嘱託登記司法書士協会

熊 田 隆 之 （司法書士）
　　　　公益社団法人　東京公共嘱託登記司法書士協会

近 藤 　 慎 （司法書士）
　　　　公益社団法人　埼玉県公共嘱託登記司法書士協会

佐 瀬 比幸子 （司法書士）
　　　　公益社団法人　埼玉県公共嘱託登記司法書士協会

杉 本 千 里 （司法書士）
　　　　一般社団法人　神奈川県公共嘱託登記司法書士協会

寺 西 洋 子 （司法書士）
　　　　一般社団法人　大阪公共嘱託登記司法書士協会

藤 井 浩 一 （司法書士）
　　　　一般社団法人　神奈川県公共嘱託登記司法書士協会

宮 澤 伯 夫（司法書士）
　　　一般社団法人　山梨県公共嘱託登記司法書士協会

山 田 猛 司（司法書士）
　　　公益社団法人　東京公共嘱託登記司法書士協会

# 略　語　表

## ＜法令等の表記＞

　根拠となる法令等の略記例及び略語は次のとおりです（〔　〕は本文中の略語を示します。）。

　　不動産登記法第74条第1項第1号＝不登74①一
　　平成29年3月23日民二第175号、法務省民事局民事第二課長通達
　　　＝平29・3・23民二175

| | | | |
|---|---|---|---|
| 不登 | 不動産登記法 | 自治 | 地方自治法 |
| 不登令 | 不動産登記令 | 自治規 | 地方自治法施行規則 |
| 不登規 | 不動産登記規則 | 住基台帳 | 住民基本台帳法 |
| 入会林野 | 入会林野等に係る権利関係の近代化の助長に関する法律 | 住基台帳令 | 住民基本台帳法施行令 |
| | | 収用 | 土地収用法 |
| 入会林野登記令 | 入会林野等に係る権利関係の近代化の助長に関する法律による不動産登記に関する政令 | 所有者不明土地利用 | 所有者不明土地の利用の円滑化等に関する特別措置法 |
| | | 所有者不明土地利用令 | 所有者不明土地の利用の円滑化等に関する特別措置法施行令 |
| 会社 | 会社法 | 所有者不明土地利用特例 | 所有者不明土地の利用の円滑化等に関する特別措置法に規定する不動産登記法の特例に関する省令 |
| 家事 | 家事事件手続法 | | |
| 行政個人情報〔行政個人情報保護法〕 | 行政機関の保有する個人情報の保護に関する法律 | | |
| | | 森林 | 森林法 |
| 建基 | 建築基準法 | 森林規 | 森林法施行規則 |
| 個人情報〔個人情報保護法〕 | 個人情報の保護に関する法律 | 地税 | 地方税法 |
| | | 地税令 | 地方税法施行令 |
| | | 登税 | 登録免許税法 |
| | | 農地 | 農地法 |
| 戸籍 | 戸籍法 | 農地規 | 農地法施行規則 |
| 戸籍規 | 戸籍法施行規則 | 破産 | 破産法 |

| | | | | |
|---|---|---|---|---|
| 非訟 | 非訟事件手続法 | | 民訴 | 民事訴訟法 |
| 民 | 民法 | | 民保 | 民事保全法 |
| 民執 | 民事執行法 | | | |

## ＜判例の表記＞

　根拠となる判例の略記例及び出典の略称は次のとおりです。

　最高裁判所平成23年6月3日判決、判例時報2123号41頁
　＝最判平23・6・3判時2123・41

| | | | |
|---|---|---|---|
| 判時 | 判例時報 | 裁判集民 | 最高裁判所裁判集民事 |

# 目 次

## Q & A

## 第1 総 論

ページ

1 不動産取引や利用権設定に当たり、権利者の調査・特定
が必要になるのはどのような場合か……………………………………3

2 現状と登記情報が一致していない不動産を取引する際の
リスクと注意点は……………………………………………………7

3 所有者不明の不動産の問題と対応方法は……………………………11

4 相続未登記により相続人多数となっている不動産の問題
とその対応方法は……………………………………………………14

5 地縁団体や共有惣代の所有となっている不動産の問題と
対処方法は……………………………………………………………18

6 差押えの登記や買戻特約の登記がある不動産の問題と対
応方法は………………………………………………………………21

7 権利者不明の担保権や利用権の登記がある不動産の問題
と対応方法は…………………………………………………………25

8 所有者不明土地の利用の円滑化等に関する特別措置法の
概要は…………………………………………………………………29

## 第2 権利者の調査方法

9 権利者（所有権登記名義人）の調査方法と調査の流れは………40

10 どこまで調査すれば「調査を尽くした」と言えるのか…………44

2　　　　目　次

11　権利者調査が個人情報保護法等に抵触するのはどのよう
　　な場合か……………………………………………………47

12　権利者が株式会社の場合の調査方法は…………………52

13　登記情報による確認は……………………………………56

14　住民票や戸籍の附票による確認は………………………63

15　戸籍による確認は…………………………………………69

16　関係者への聞き取り調査による確認は…………………79

17　固定資産課税台帳（土地課税台帳・家屋課税台帳・償却
　　資産課税台帳など）による確認は………………………83

18　建築確認申請書による確認は……………………………88

19　農地台帳による確認は……………………………………91

20　森林簿、保安林台帳、林地台帳による確認は…………98

21　抵当権者の所在が不明であることの調査は……………104


## ケース


# 第1　権利部甲区

Case 1　買収予定地の所有者が死亡しており、相続人が不
　　　　明の場合………………………………………………111

Case 2　所有権登記名義人が行方不明で、所有権移転登記
　　　　ができない場合………………………………………123

Case 3　対象不動産の所有者が戦前に死亡し、相続登記に
　　　　必要な古い戸籍が取得できない場合………………136

Case 4　買収対象不動産の所有権登記名義人が海外移住し
　　　　ており、詳細な住所が確認できない場合…………144

目　　次　　　3

Case5　30年以上前に売買した土地の所有権移転登記が未
　　　　了だった場合……………………………………………154

Case6　解散した法人が所有権登記名義人になっている土
　　　　地の場合………………………………………………159

Case7　買収対象土地の相続人が多数に上り、全員の把握
　　　　が困難な場合……………………………………………166

Case8　表題部に氏名と所有者持分の記載はあるものの住
　　　　所の記載がなく所有権登記がされていない土地で所
　　　　有権者が不明の場合……………………………………174

Case9　表題部所有者が単に「共有地」とされている土地
　　　　の場合………………………………………………182

Case10　集落住民による共有の入会林野の場合………………189

Case11　相続未登記の農地を賃借する場合……………………197

Case12　買収予定の土地が地区住民の共有名義となってい
　　　　る場合………………………………………………201

Case13　表題部所有者が「○○他○○名」となっている土
　　　　地について認可地縁団体が時効取得する場合……………206

Case14　買収予定の土地が「A他○○名」の表題登記しか
　　　　されていない場合………………………………………211

Case15　所有権移転仮登記がある場合…………………………217

Case16　買戻特約の仮登記がある場合…………………………226

Case17　明治時代の仮差押登記があり、債権者が死亡して
　　　　いるとみられる場合……………………………………231

Case18　表題部所有者が他人である土地について個人が時
　　　　効取得する場合………………………………………239

# 第2　権利部乙区

Case19　戦前の抵当権設定登記があるが、権利者の生死や
所在が分からない場合……………………………………248

Case20　会社名義の根抵当権が設定されているが、その会
社が見つからない場合……………………………………258

Case21　根質権の登記があるが、権利者の所在がわからな
い場合………………………………………………………266

Case22　先取特権登記名義人が登記されていない場合…………275

Case23　抵当権設定仮登記がされているが、仮登記名義人
の所在が不明の場合………………………………………280

Case24　期限切れの地上権が登記されたままになっており
権利者の所在が分からない場合…………………………290

# Q & A

2

# 第1 総論

## 1 不動産取引や利用権設定に当たり、権利者の調査・特定が必要になるのはどのような場合か

不動産の売買や利用権を設定する場合の契約においては、契約の相手方が実在することが必要であるため、時として権利者の調査・特定をしなければなりません。それはどのような場合でしょうか。

登記記録が存在しない場合、登記されているが現実の所有者と違う場合、所有者が行方不明等である場合、さらには登記原因に問題があるような場合等が挙げられますが、その他にも以前から事件に関連のある物件であったり、近所で悪い噂が立っていたりする場合等も調査をする必要があります。

解 説

1 契約の成立

不動産の売買や利用権を設定する場合の契約は、有効に成立した上で第三者対抗要件を備えることが必要となります。

契約が有効に成立するためには契約の相手方が実在し、その相手方との契約に瑕疵がなく、第三者対抗要件としての登記手続を完了することが必要です（民177）。

以下、順を追って説明します。

契約が有効に成立するためには、主体と客体の完全性と契約の確定

的有効性が必要となります。

　そして、主体の完全性については主体の実在性と能力の完全性が必要であり、客体の完全性は瑕疵のない不動産の存在と特定が必要であり、その客体を目的とした主体（個人又は法人）の取り消せない有効な契約が理想ということになります。

　原則として、契約の主体である実在する登記名義人やその承継人と契約をする必要があります。

## 2　個人の場合の注意点

　登記名義人が個人の場合には、本人に意思能力のあることと本人の真意に基づくことが必要です。

　個人の場合には、当該個人が存在していることは公簿上は比較的容易に確認することができますが、その本人の同一性については注意が必要です。

　最近の詐欺事件の傾向を見ると、第三者が本人になりすましている場合が多く、自分が一番最初に本人と面談するのであれば、きちんと本人を確認するという認識で、身分証明書から顔写真による確認や生年月日から本人の年齢相応の風貌を確認し、また、言動から不動産を取得した経緯を聞き取るということが可能です。しかし、先に仲介業者や紹介者が本人と面談している場合には、先の面談を信用するという傾向もあり、改めて一から確認するという基本がおろそかになりがちです。

　したがって、本人確認作業はなりすましを防止し、本人の財産を守るための必要な行為であるということを本人にも説明し、度重なる本人確認であっても本人を守るために必要であり、さらには契約を完全に有効にするための不可欠な作業であるということを意識して直接本人に確認をするということが重要です。

また、個人の場合には意思能力や行為能力の問題をクリアしている必要があります。

成年後見人や保佐人、補助人の代理や同意が必要である場合には、それらの法定代理人等の本人確認をする必要があります。

そして、契約が有効に成立した場合には、第三者対抗要件たる不動産登記を申請することになります。

## 3 法人の場合の注意点

登記名義人が法人の場合には、その法人の実在はもとより、契約当事者が法人の代表者であるか、もし代表者でないとしても代表権限（代理権限）があるかどうかということを確認する必要があります。

また、法人の場合には、重要な財産の処分について、取締役会の承認を要する場合もありますので（会社362④一）、そういった法人の社内手続を経ているかどうかということも確認する必要があります。登記に必要ではない取締役会議事録や決裁文書を確認する必要がある場合もありますので注意が必要です。

## 4 契約内容の確認

一般的には契約当事者が契約内容を確認の上契約をし、その証拠として契約書を作成するということになりますが、権利者の調査・特定が必要になる場合という観点からの注意点は以下のとおりです。

共通事項として、直近の登記事項証明書を取得し、現在の登記名義人を確認することが必要となりますが、現在の登記名義人は死亡していたり、行方不明だったりという場合があります。

そのような場合には登記名義を現実の所有者に変更登記をした上で、当該登記名義人と契約をするということになりますが、登記名義を変更する時間がない場合には、当然その実態関係を調査し、現実の

所有者であるということを確認する必要があります。

　また、既に相続による移転登記や不在者財産管理人への氏名変更の登記がされている場合には、その登記の有効性について、特に疑うべき事情がない場合には相続登記や財産管理人の登記については信用してよいと思われます。

　なお、疑うに足りるべき事由については、相続人間で争いがあるのに遺産分割協議書を添付して相続登記をしているような場合や、契約当事者が過去に何度か詐欺まがい登記事件を起こしている、というような情報がある場合です。

## 2 現状と登記情報が一致していない不動産を取引する際のリスクと注意点は

登記名義人の住所が違う場合や過去の登記に問題がある場合など、不動産の現状と登記情報が一致していない場合のリスクや注意点はどのようなものでしょうか。

なりすましなどを防ぐため、実印の押捺や印鑑証明書の添付をしてもらい、本人確認書類の確認をすることが重要です。

解 説

### 1 登記名義人の住所が違う場合

　過去に発生した詐欺事件においては、本人になりすまして住所移転の届出をし、新しい住所で印鑑登録をして印鑑証明書の交付を受け、登記名義人になりすますことがありました。そのため、平成16年の不動産登記法の改正（平成17年3月7日施行）において、登記識別情報の提供がない場合において、3か月以内に登記名義人の住所移転の登記が申請された場合には前住所への通知を義務付けています（不登23②、不登規71）。この場合の3か月の期間については、最後の住所移転の日ではなく、最後の住所移転による変更の登記が申請された日からの期間ですので（不登規71②二）、仮に10年前が住所移転の原因日付であっても、当該住所移転の登記申請が3か月以内に行われた場合においては、前住所通知が行われることとなります。前住所通知を省略するためには、登記記録上の住所及び住民票上に記載されている現住所に移転するまでの前住所全てに赴き、現場を確認し、登記名義人本人はそこに

居住していないということを本人確認情報において提供しなければなりません（不登23②、不登規71②四）。なお、法務局の前住所通知については、登記記録上の住所から転々と移転している場合には、移転先全部に前住所通知を送ることとなっていますので、法務局においては相当前住所について危険性を感じているということが分かります。なお、平成16年の不動産登記法の改正原案においては、6か月以内の登記という要件でしたが、上記のとおり3か月となりました。この辺りは偽造事件の可能性と現場の手間の妥協点といったところでしょう。

## 2　過去の登記に問題がある場合

　過去の登記に問題がある場合もあります。

　日本の登記制度においては登記に公信力がないため、たとえ登記をしていても、当該登記が実体のないものであれば無効と解されます。当該無効な登記をもって対抗力を有することはありませんので、過去の登記原因についても注意する必要があります。

　例えば、所有権移転をした後に取消しを原因として所有権が抹消されていたり、又は真正な登記名義の回復を登記原因として所有権移転登記がされていたりする場合なども注意を要します。

　また、登記原因が譲渡担保である場合については、未清算の状態で所有権移転登記を受けた善意の第三者は保護されると解されますが（横浜地判平元・8・17判時1342・102）、担保目的は登記上明らかなので、無用な争いを避けるためには当該譲渡担保が現実に実行された上で、現在の所有者が確定的な所有者であるということを確認するに越したことはありません。

　さらに、最近は民事信託が流行りつつありますが、個人を受託者とする信託登記がある場合においては、委託者が本当に信託の内容を理解した上で信託をしているかどうかについても確認する必要があると思われます。

## 3　実印押捺と印鑑証明書添付の必要性

　契約書を作成する場合の押捺は必ずしも実印である必要はありませんが、実務上高額な取引の場合には、契約書に実印を押捺してもらい、当該実印に関する印鑑証明書を添付してもらうことは有効です。

　印鑑証明書は第三者が取得することは難しく、また、印鑑登録をする場合には、本人確認を市町村がしているということもあり、さらに、契約書に実印を押捺する場合には、契約当事者は特に注意して押捺をすることとなりますので、重要な取引においては実印の押捺及び印鑑証明書の添付が一般的です。なお、その場合の印鑑証明書の有効期限については特に規定はないので、押捺の前後に発行された印鑑証明書があればよいと思われます。

## 4　登記記録上の住所、氏名と契約当事者の印鑑証明書の住所、氏名の確認

　登記記録上の住所、氏名と印鑑証明書の住所、氏名が一致すれば同一人であることが推定できますが、印鑑証明書には顔写真が付いていませんので、第三者がなりすましをして実印と印鑑証明書を持参しているということも考えられます。したがって、身分証明書の提示を受け顔写真により登記名義人本人を確認する必要があります。なお、顔写真がない場合の身分証明書については、数点提示してもらいその発行時期や発行場所等を聞いて、登記名義人本人であることを確認します（不登規72②二）。

## 5　本人確認書類の提供を拒否された場合の対応

　筆者が以前不動産取引（いわゆる決済）をしている際に、売主本人の確認をするため、免許証を提示してくださいとお願いしたら、売主は「あなたにそんな権限があるのか。私は仲介業者と何度も顔を合わ

せているし、この人たちはよく知っている。初対面のあなたに身分証明書を出す義務はない」と言って拒否されました。今ではこのような対応を取られることはないと思いますが、昭和60年代では、本人確認するという作業はおろそかになっている時代でしたので、こういったこともありました。実際に司法書士に本人確認の権限を与えている規定はありませんでしたので、司法書士の本人確認が法的根拠を欠くということは問題だったと思われます。今では会則による本人確認義務や犯罪による収益の移転防止に関する法律による本人確認義務が規定されていますが、その当時はありませんでした。当然、契約自由の原則ということで、「それでは、司法書士としてこの仕事を受けることはできません」と断ることはできるのですが、大勢の人たちが決済の場に時間を割いて来ており、売買以外の関係者は金利計算や手数料の計算をした上で、書類を持参しているので軽々に不動産決済を流すことはできませんでした。そんな事情もあり、私は相手の立場に立ち「私はお客様とお会いするのは初めてであり、お客様の言うことも分かりますが、ここで私がお客様の本人確認を怠って所有権移転の登記をしてしまった場合には、もし別の方がなりすまして取引をしたような場合に、御本人はどうなりますか。なぜ私の不動産登記が知らない間に移転登記をされたのか、ということになりますよね。そのように、この本人確認というものは本人の財産を守るための司法書士の確認義務なのです。ですから、お客様も自分の権利を守るための行動の一環として本人確認書類をご提示ください」と説明したところ納得していただき、身分証明書の提示を受けることができました。このように、不動産取引の現場においては動的安全ばかりではなく静的安全を守るという意識を持って説明をすることにより、協力を得られることがあります。

## 3 所有者不明の不動産の問題と対応方法は

所有者が不明となっている不動産については、相続人が多数となっていることもあり取扱いに注意を要しますが、その際の対応方法を教えてください。

不在者財産管理人や相続財産管理人の選任の申立てをして遺産分割協議をすることになります。

解 説

### 1 所有者が不明である場合

　所有者不明の不動産に関しては、最近社会問題となっており、国土交通省においても、「所有者の所在の把握が難しい土地に関する探索・利活用のためのガイドライン」を平成28年に公表しています。また、平成30年6月には「所有者不明土地の利用の円滑化等に関する特別措置法」が成立し、同年11月15日に施行されました（詳細はＱ８参照）。
　所有者が不明である場合についてはいろいろな原因が考えられますが、多くの場合、最後の登記から相当の時間が経過しており、所有権の登記名義人は死亡していたり、又はその相続人が分からなかったりする場合があります。相続人が分かった場合でも、数次相続が発生している場合が多く、相続人は多数となります。多数の相続人間においては争いが絶えませんので、多数の相続人を調整する必要があります。その場合に採られる方法としては、所在不明者がいる場合には家庭裁判所に不在者財産管理人の選任申立てをし、特別の授権行為を得て遺産分割協議をすることとなります（民25①・28）。その場合においても、特別受益や寄与分に関して権利を主張する人もいますので、多数相続人間の調整は困難なことが多いと思われます。

また、相続人が不明な場合には、相続財産管理人の選任をし、不在者財産管理人と同様の対応をすることとなりますが（民952①・953・28）、不在者財産管理制度と相続財産管理制度においては、その方向性が真逆であり、不在者財産管理制度においては、不在者の財産を保持しようという方向性であるのに対し、相続財産管理制度は相続財産を清算するという方向性です。したがって、相続財産管理人を選任した場合には、約1年の清算手続が必要となりますので注意を要します。

## 2 利害関係の有無に関する問題

　土地の購入希望者が不在者財産管理人の選任申立てをしようとする場合には、利害関係人でなければそれらの申立てをすることができません（民25①）。売買契約をした後であればまだしも、これから売買しようとする購入希望者は法律上の利害関係人ではありません。また、相続財産管理人の選任申立てにおいても同様で（民952①）、法律上の利害関係を有しなければならないので、法律上の利害関係の有無が問題となります。

　現時点において、法律上の利害関係がない場合においては、不在者以外に他の共同相続人がいる場合には、遺産分割協議の請求のために不在者財産管理人や、相続財産管理人の選任申立てをしてもらうことも考えられますので、他の共同相続人の協力が得られるかどうかということも1つのポイントとなります。

　また、他の土地と共に開発行為をする場合であれば、買収予定地の近隣の土地を取得して筆界確定請求権に基づいて財産管理人の選任申立てをするということも考えられます。

　このような相続人の協力や法律上の利害関係がない場合においては、検察官に申立てをしてもらうことを検討する必要がありますが、公益に資することであれば検察官の協力も得られることはあるでしょ

うが、民間人同士の売買の場合であれば検察官の申立てを期待することは難しいと思われます。

## 3 財産管理人選任後の手続

　財産管理人が選任された場合には、当該財産管理人においては保存行為をすることはできますが、管理財産を処分するには家庭裁判所の許可が必要となりますので、遺産分割協議の調停を申し立てる場合においては、遺産分割協議案を作成し、裁判所に提出する必要があります。その際には不在者に不利な遺産分割協議をすることは、原則として認められないので、帰来時条項を検討する必要があります。

　時効取得による訴訟を提起するという場合もありますが、その場合には財産管理人が訴えられた場合に該当しますので、裁判所の許可は必要ありません（最判昭47・9・1判時683・92）。

　なお、相続人が多数の場合には、相続人同士での相続分の譲渡や相続分の放棄という方法の活用を検討することも有効です。

　さらには不動産所有権に対する所有意識の希薄化により、相続放棄をする人も少なくありませんので、様々な相手に対する対応策を検討する必要があります。

14　　Q&A　第1　総論

# 4　相続未登記により相続人多数となっている不動産の問題とその対応方法は

**Q**　最後に所有権の登記がされてから長期間が経過していて登記名義人は既に生存していない可能性が高く、さらに数次にわたり相続が発生し法定相続人が多数存在していると推定される不動産を、道路用地の一部として買収したいのですが、どのようにすればよいでしょうか。

**A**　登記事項証明書に記載されている住所、氏名を手掛かりとして住民票（除票）の写しや戸籍（除籍）謄本等を取り寄せます。登記名義人の死亡が確認できたら、その相続人を調査します。相続人が死亡していたら、更にその相続人の除籍謄本等を取り寄せ、現存する相続人にたどり着くまで調査します。

　法定相続人の特定ができた段階で法定相続人と用地買収の交渉をすることになります。

## 解　説

### 1　法定相続人の特定

　登記名義人の死亡の時期によって法定相続人の範囲が異なるので注意を要します。

① 旧民法適用の時代（明治31年7月16日〜昭和22年5月2日）

　登記名義人が戸主であった場合、家督相続となり、相続人は家督相続人のみとなります。戸主でなかった場合は遺産相続となり、相続人は第1順位直系卑属、第2順位配偶者、第3順位直系尊属となり、

同順位の相続人が数人あるときの相続分は均等になります（配偶者は第2順位であるという点と、兄弟姉妹は法定相続人ではないという点に注意を要します。）。

② 日本国憲法の施行に伴う民法の応急的措置に関する法律が適用される時代（昭和22年5月3日〜昭和22年12月31日）

配偶者は常に相続人となり他の相続人は第1順位直系卑属、第2順位直系尊属、第3順位兄弟姉妹となり、同順位の相続人が数人あるときの相続分は均等になります。

③ 現行民法の時代（昭和23年1月1日〜現在）

基本的には②と同様ですが、昭和37年7月1日から第1順位直系卑属は「子」のみと改正され「孫」は固有の相続権を有しないとされました（民887）。また、昭和56年1月1日から配偶者の相続持分が増加したことにより他の相続人の相続持分は減少しました（民900）。


## 2 法定相続人が特定できない場合

住民票（除票）の写しや戸籍（除籍）謄本等の取り寄せを依頼したものの保存期間を経過していたり、戦災等で焼失していたりして取得できないこともあります。このような場合、相続人の有無が判明しない、若しくは相続人が存在することは明らかだが現在の所在が不明で連絡が取れない等の事態になります。このような事態に対応するには次の方策が考えられます。

① 相続財産管理制度（民25〜29）

② 不在者財産管理制度（民952〜959）

これらは家庭裁判所の監督下で財産を管理する制度です。利害関係人等の申立てにより財産管理人を選任し、家庭裁判所の許可の下で遺産分割協議、売却処分等がなされます。

なお、①の相続財産管理制度は清算型であるので相続財産が処分さ

れずに約1年を経過すると他の共有者若しくは国庫に帰属することになりますが、②の不在者財産管理制度は保存行為型なので不動産が売却によって現金に変わって管理され続けるのを原則としますので、その違いに留意する必要があります。

## 3 相続人間での合意形成

数次相続などで法定相続人が多数になる場合、法定相続人全員を相手として買収交渉をするのは大変な労力と時間を要するので、被相続人ごとに相続人間で合意を形成してもらうのが効率的な処理となります。また、場合によっては既に相続人間で遺産分割協議が成立している場合、遺言がある場合、相続放棄をしている場合等がありますので、当事者からの聞き取り調査もおろそかにできません。その他、相続人間において、相続分の譲渡をすることにより、買収交渉をする相続人を集約することができます。以前は相続分の譲渡は、同順位者に限って認められるとの解釈もありましたが、最近先例が変わり異順位者間での相続分譲渡が認められることとなりましたので（平30・3・16民二137）、利用範囲が広がりました。なお、相続分譲渡を証明するものとして、譲渡人の譲渡証明書と印鑑証明書（有効期限はありません。）が登記手続としては必要となります。

## 4 相続人間で合意が形成されない場合

相続人多数の場合、買収に応じない相続人が出てくることがあります。このような事態に対応するには次の方策が考えられます。

### (1) 共有物分割請求訴訟

共有物分割請求訴訟は、買収に応じている相続人から相続登記を経由した上で持分移転の登記を受け、事業者が共有者の1人となり裁判所に対し共有物の分割を求め、その判決により事業者の単独所有とす

るものです。

(2)　土地収用制度

土地収用法に基づき、公共の利益となる事業の用に供するため強制的に必要な土地等の権利を取得する手続です。

事業認定手続と収用裁決手続を経て初めて権利取得となるので多大な労力と時間がかかるところが難点ですが、所有者が不明な場合にも「不明裁決制度」（収用48④）がある点で利用価値のある制度です。

## 5 地縁団体や共有惣代の所有となっている不動産の問題と対処方法は

**Q** 不動産の登記名義が「〇〇町内会」、「〇〇部落会」などのいわゆる地縁団体や「惣代Ａ」、「共有惣代Ａ外〇名」といった共有惣代の名義となっている場合、その不動産の真の所有者は誰なのでしょうか。また、登記名義を実体に合致させるにはどのようにすればよいのでしょうか。

**A** 地縁団体や共有惣代の名義になっている不動産の多くは、その登記名義になってから長期間経過しているものと思われます。したがって、真の所有者を調査するためには、その登記名義になった当時の歴史的背景や法令を調べなければなりません。また、地域住民からの聞き取りや役所等での資料調査も必要となります。その結果、実体として真の所有者は誰なのかを見極め、登記名義が現在の真の所有者に合致しているのか、合致しているのであれば登記名義はそのままでよいのか、あるいは合致していないのであれば是正するためにはどのような方法があるのか等を検討することとなります。

### 解 説

1 「〇〇町内会」や「〇〇部落会」の名義になっている場合

　「部落会町内会等整備要領」（昭和15年内務省訓令17号）により、戦時体制の強化を目的として「町内会」、「部落会」が組織され、「町内会」や「部落会」が財産を所有し、その名義で登記もできるようになりました。

しかし、「昭和20年勅令第542号ポツダム宣言の受諾に伴い発する命令に関する件に基く町内会部落会又はその連合会等に関する解散、就職禁止その他の行為の制限に関する政令」（昭和22年政令15号。以下「ポツダム政令」といいます。）により、「町内会」、「部落会」は強制的に解散させられ、その所有財産は、2か月以内に処分しない限りその「町内会」や「部落会」の区域に属する市町村に帰属するものとされました。

したがって、「町内会」、「部落会」名義の不動産は、ポツダム政令から2か月以内に処分されなかったために現在市町村が所有する不動産であると考えられ、現地自治会長への聞き取りや市町村保有の歴史資料等により市町村の所有であることの確認を経た上で、市町村の嘱託により市町村を所有権登記名義人とする登記をすることとなります。ただし、2か月以内に処分されたものの、その登記をしていないという場合もありますので、その調査は、その点を注意して行ってください。

なお、この「町内会」、「部落会」の名義が表題部であった場合は、市町村は不動産登記法74条1項1号の「その他の一般承継人」として市町村名義で所有権保存登記を嘱託することとなり、「町内会」、「部落会」の名義が権利部甲区であった場合には、相続による所有権移転登記に準じ「昭和22年7月3日昭和22年政令第15号第2条第2項による帰属」を登記原因として所有権移転登記を嘱託することとなります。

## 2 「惣代A」や「共有惣代A外○名」の名義になっている場合

この場合は「惣代」という肩書があるので、A個人の所有やA外○名の共有ではなく、Aを代表者とする集落等で管理所有していた不動産であると考えられます。

集落等で管理所有している不動産であれば、その不動産はその集落の住民の「総有」（持分の処分や分割請求ができない、持分権を持たな

い共同所有形態）であることが一般的です。地域住民や自治会長など
の関係者に聞き取りを行い、市町村が保有する各種資料を調査し、そ
の所有の実態が「総有」であることを確認した上で、登記名義を現在
の所有者に合致させる登記を行います。

　その集落が、地方自治法に定める認可地縁団体の要件を満たすので
あれば、地縁団体の認可を申請し法人格を取得した上で、登記名義人
の相続人全員との共同申請で所有権移転の登記を行います。この場合
の登記原因は「委任の終了」で、原因日付は地縁団体の認可日です（平
3・4・2民三2246）。

　ただ、登記名義人の相続人全員を特定することは困難な場合が多く
共同申請ができないこともあります。その場合には平成27年4月1日に
施行された「認可地縁団体が所有する不動産登記に関する特例」の活
用を検討します。これは、地方自治法260条の38に規定する要件を満
たした場合に、認可地縁団体が市町村長に申請することにより、証明
書を発行してもらうもので、この証明書を添付すれば当該認可地縁団
体は単独で所有権保存登記又は所有権移転登記ができるようになりま
す。この証明書は、市町村長が認可地縁団体の申請を相当と認め、当
該認可地縁団体が所有権保存登記又は所有権移転登記をすることに異
議があれば申し出る旨を公告し、3か月を下らない期間異議がなかっ
た場合に発行されるものです。

## 6 差押えの登記や買戻特約の登記がある不動産の問題と対応方法は

**Q** 買収予定地の土地の登記情報を取得したところ、差押えの登記がなされていました。この土地を買収するに当たり、この差押えの登記は抹消する必要があるでしょうか。抹消しなければならない場合、その手続はどのようなものでしょうか。また、差押えの登記ではなく買戻特約の登記がなされていた場合はどうでしょうか。

**A** 差押えなどの処分制限の登記は、民事執行法や国税徴収法など法律に規定がある場合に認められるもので、その登記をすることにより取引関係に立つ第三者を保護し、処分の制限をすることにより利益を受ける者（差押債権者）を保護するためになされるものです。

ただし、処分の制限は、債務者にその財産の処分を絶対的に許さないものではなく、この処分制限に違反してなされた処分でも、第三者との間では有効に取引でき、差押債権者に対抗できないという効力（相対的効力）があるにすぎません。

しかし、差押えの登記がなされた不動産を購入する場合には、たとえ所有権移転の登記をして登記名義を取得してもその後の競売や公売の結果、買い受けた者の方が優先することとなるので、事前に（あるいは所有権移転と同時に）差押えの登記を抹消しておく必要があります。買戻特約も同様に買戻権の行使によって買戻権者に所有権が移転してしまうので、あらかじめ抹消しておく必要があるでしょう。

22 **Q & A** 第1 総論

---

### 解 説

### 1 担保不動産競売開始決定に基づく差押えの登記がなされている場合

不動産に差押えの登記がなされる場合はいくつかありますが、まず、よく見受けられる「担保不動産競売開始決定」に基づく差押えがなされている場合のその抹消手続について検討します。

この差押えの登記がなされているということは、当該不動産に設定された担保権の被担保債権の弁済がなされていない状態であるということですので、この状態を解消しない限り、差押えの登記を抹消することはできません。

不動産の競売を申し立てられるということは、債務不履行に陥り期限の利益を失っているということが通常ですので、事前に（この不動産を売却しないで）差押債権者へ弁済し、差押えを解除してもらうことは不可能でしょう。そうするとこの不動産を売却し、その売却代金を被担保債権の弁済に充てることにより、競売の申立てを取り下げてもらい差押えを解除する方法によって差押えの登記を抹消するということになってきます（いわゆる「任意売却」）。この場合、差押債権者と交渉し、競売申立ての取下げに応じてもらえる弁済の金額について合意を取り付けておく必要があります。この差押えを抹消する登記は、競売の申立てを差押債権者が取り下げ、それを受理した裁判所の裁判所書記官がその不動産所在地を管轄する法務局へ抹消登記嘱託書を送付することによってなされますので（民執54①）、裁判所とも打合せをし、取下げの予定日などを伝え、登記嘱託書の準備をしておいてもらう方がよいでしょう。なお、差押債権者の意思のみで競売申立てを取り下げることができるのは、開札期日の前日までですので、この点についてもしっかりと確認しておく必要があります。

任意売却の売買代金決済の場には、競売申立ての取下書を持参した差押債権者に立ち会ってもらうことが望ましいですが、実際には差押

債権者が決済場所に来ないことも多く、その場合には、競売申立ての取下げに関し疑義を持つ買主が代金の支払を拒むようなことも起こり得るので、競売申立ての取下げについての方法や段取りについては綿密に打合せをしておかなければなりません。また、競売申立ての取下書の押印は、原則として競売申立書に押印した印鑑と同じものを使用しなければならず、仮に、違う印鑑を使用している場合には、その印鑑が実印でありかつ印鑑証明書を添付した場合を除いて取下げを受理してもらえないことになりますので、この点についても十分注意を払う必要があるでしょう。

なお、売却代金よりも抵当権の被担保債権の額の方が多い場合（いわゆるオーバーローン）は、債権者には、一括弁済が無理である旨の説明をし、抵当権抹消登記に協力してもらうように依頼することになります。その際には、抵当権者は別の担保権や連帯保証人等を要求するのが通常ですから、それらの代担保についての可否についても検討する必要があります。その場合は、今般の所有権移転登記以外に代担保の抵当権設定登記が伴う場合もありますので注意しましょう。

## 2　滞納処分に基づく差押えの登記がなされている場合

次いで、これもよく見受けられますが、「滞納処分」に基づく差押えの登記がなされている場合のその抹消手続について検討します。

この場合も、納税を怠っているがゆえに処分庁（税務署等）が差押えをしたわけですから、債務者には資力がなく、事前に（不動産を売却しないで）滞納した税金を納めて差押えを解除してもらうことは不可能と思われますので、不動産を売却しその売却代金で滞納している税金を納め、差押えを解除してもらうことになるでしょう。

この差押えの抹消登記は、差押えをした税務署等がその不動産所在地を管轄する法務局へ抹消登記嘱託書を送付することによりなされます（国税徴収法80③）。したがって、事前にその税務署等と売却代金による納税の予定などを伝え、登記嘱託書を準備しておいてもらうとよい

でしょう。

　また、納税をする日までの延滞税も納めなくてはなりませんので、その金額等もしっかり確認しておく必要があるでしょう。

## 3　買戻特約の登記がなされている場合

　買戻特約は、不動産の売主が、買主から受け取った売買代金及び契約費用を返還して、売買契約を解除することができる権利であり（民579）、不動産の権利を取得するのと同じ性格を持つものです。この買戻特約を登記したときは、買戻しの効力は第三者に対しても生じますので（民581①）、この買戻特約の登記を抹消せずに所有権移転登記を受けた場合には、買戻権を行使され取得した所有権を失うこともあり得ます。したがって、買戻特約の登記は事前に抹消しておかなければなりません。買戻特約の登記を抹消する際には、その買戻特約の買戻期間がどうなっているかを確認する必要があります。買戻期間を定めた場合にはその期間は10年を超えることができず（民580①）、買戻期間を定めなかった場合には5年以内に買戻しをしなければならないことになっていますので（民580③）、この期間が既に過ぎているかどうかを確認します。期間が既に過ぎている場合には、買戻権は実体的には消滅していますので、買戻権者との交渉もスムーズにいき、抹消登記に協力してくれるものと思います。まだこの期間が経過していない場合は、買戻権者との話合いということになります。この買戻特約の抹消登記ですが、原則どおり、登記権利者（所有権登記名義人）と登記義務者（買戻権者）の共同申請によって行います（不登60）。所有権を目的とした買戻特約の登記は権利部甲区に記録されていますので、これを抹消する登記の際は、所有権についての登記の場合と同様に登記義務者の印鑑証明書が必要となります。このあたりも買戻権者との事前の打合せできちんと伝えておいた方がよいでしょう。

## 7 権利者不明の担保権や利用権の登記がある不動産の問題と対応方法は

買収予定地の不動産の登記情報を取得したところ、当該不動産には抵当権が設定されていました。所有者に確認したところ、その抵当権者とは何十年も音信不通であり、生死さえもよく分からないとのことでした。この抵当権を抹消するにはどのようにすればよいのでしょうか。また、この権利が抵当権ではなく地上権などの利用権であった場合はどうでしょうか。さらに、これらの権利の権利者が法人であった場合はどうでしょうか。

買収しようとする不動産に担保権が設定されている場合は、そのまま買収して所有者となっても担保権を実行されるとその買受人には対抗できないこととなります。また、用益権が設定されている場合は、そのまま買収して所有者となっても用益権者の利用権の方が優先しますのでその不動産を自由に使用できないこととなってしまいます（物権の排他性）。したがって、買収する前にあらかじめこれらの権利の登記を抹消しておく必要があります。

一般的には住民票や戸籍謄本等により権利者を調査し、権利者が死亡している場合は更に法定相続人を調査し、権利者が特定できた場合には連絡を取り抹消登記への協力を求めることになるでしょう。

調査の結果、権利者が特定できなかった場合には、不動産登記法70条の規定による抹消登記や、訴訟を提起し判決を得てする抹消登記などの方法を検討することとなります。

なお、これらの権利の権利者が法人であった場合は、法人の登記簿が存在せず、当該法人を確認することができない場合が法人の所在不明に該当します。したがって、法人の登記簿（閉鎖登記簿を含みます。）が存在する場合は、当該法人は行方不明にはなりませんので、原則として当該法人の代表者に協力を求める必要があります。代表者個人が行方不明の場合は代表者を選任する必要があります。

## 解　説

### 1　設定されている権利が抵当権や質権などの担保権でありその担保権者の所在が不明な場合

この場合には、まず、不動産登記法70条3項前段の規定により抹消登記の登記権利者が当該担保権の被担保債権が消滅したことを証する情報（例えば、弁済金の領収書など）を提供することができれば、登記権利者が単独で抹消の登記を申請することができます。

この被担保債権が消滅したことを証する情報が提供できない場合は、不動産登記法70条3項後段の要件を満たせば、やはり登記権利者が単独で抹消の登記を申請することができます。

この要件とは、

①　被担保債権の弁済期から20年を経過していること
②　その期間を経過した後に当該被担保債権、その利息及び債務不履行により生じた損害の全額に相当する金銭が供託されること
③　抹消登記の登記義務者の所在が知れないこと

の3つです。

登記申請書には①～③を証する情報を添付しなければなりませんが（不登令別表㉖添付情報欄ニ）、③の登記義務者の所在が知れないことを証する情報は、住民票や戸籍の附票など官公署から得られる証明書のほか、判明した住所（判明しなかった場合は登記記録上の住所）へ郵便を送付し、郵便物が届かず返送されてきたその郵便物自体等が考え

られます。ケースによっては、その住所地に実際行ってみたものの分からなかったという内容の現地調査報告書も必要になる場合もあるかもしれません。

設定されている登記名義人が法人である場合も同様です。法人の所在が分からないことを証明する書面は一般的に、法務局で調査をした結果、閉鎖登記簿も含め管轄法務局での証明書が取得できなかった旨を記載した報告書となりますが、場合によっては判明している住所地を調査した結果を記載した現地調査報告書等が必要となってきます。

また、不動産登記法70条3項の規定による抹消登記をすることができない場合は、同条1項及び2項の規定による抹消登記を検討することになります（詳細については2で説明します。）。

## 2　設定されている権利が地上権等の利用権でありその権利者の所在が不明な場合

この場合には、不動産登記法70条1項及び2項により抹消登記を申請することができます。この不動産登記法70条1項及び2項の規定による抹消登記の対象は全ての権利に関する登記であり、利用権に限らず担保権の登記もこの規定に基づき抹消することのできる登記となります。

手続の流れとしては次のようになります。

① 非訟事件手続法の規定に基づき裁判所に対し「公示催告」の申立てを行います（非訟99）。

② 裁判所は、申立てを適法かつ理由があると認めた場合には公示催告手続開始決定をし（非訟101）、その内容を裁判所の掲示場及び官報に公告します（非訟102①）（公示催告の期間は2か月を下ってはなりません（非訟103）。なお、東京簡易裁判所では4か月半のようです。）。

③ 定められた権利の届出の終期までに適法な権利の届出又は権利を

争う旨の申述がない場合、裁判所は「除権決定」をします（非訟106
①）。

④　この「除権決定」に基づき登記権利者は単独で抹消登記を申請し
ます（不登70②）。

　この不動産登記法70条1項及び2項による抹消登記も登記義務者の所
在が知れないことを前提としていますので、1で述べたような所在が
知れないことを証する情報を添付しなければならないことは同じで
す。

　不動産登記法70条の規定による抹消登記が行えない事情がある場合
には、通常の訴訟を提起し「抹消登記手続せよ」という判決を得れば、
やはり登記権利者は単独で、抹消登記を申請することができます（不
登63①）。

　この訴訟ですが、被告の所在が知れない場合ですので、被告への送
達は公示送達の方法によることとなります。公示送達の場合には被告
が裁判の期日に欠席したとしても、自白したとはみなされませんので、
原告側が勝訴判決を得るためには、しっかりと立証をしなければなり
ません。立証するということは案外難しいので、訴訟をするという選
択を安易に採るべきではないと思いますが、きちんと立証さえできれ
ば勝訴判決を得られますので、訴訟を提起する方法も有用でしょう。

## 8 所有者不明土地の利用の円滑化等に関する特別措置法の概要は

**Q** 所有者不明土地の利用の円滑化等に関する特別措置法が成立したようですが、どのような法律でしょうか。

**A** 所有者不明土地が増加する傾向にあり、公共事業の推進等の様々な場面において、所有者の特定に多大なコストを要し、事業の円滑な実施の支障となっているため、所有者不明土地を円滑に利用する仕組みや所有者の探索を合理化する仕組み、その他所有者不明土地を適切に管理する仕組みを設けるため、「所有者不明土地の利用の円滑化等に関する特別措置法」(以下「所有者不明土地利用法」といいます。)が立法化され、平成30年11月15日に施行されました。

**解　説**

### 1 所有者不明土地利用法の立法過程

空き家問題や土地所有者不明問題が社会問題となり、その解決のため所有者不明土地利用法案が平成30年3月9日閣議決定の上、国会提出されました。衆議院において同年5月24日、参議院においては同年6月6日可決され、成立しました。

この法律は、附則第1項ただし書に規定する規定を除いて平成30年11月15日に施行され、同項ただし書に規定する規定の施行期日は平成31年6月1日とされています。

## 2 所有者不明土地利用法の概要

### (1) 所有者不明土地利用法の概要

　所有者不明土地利用法は、社会経済情勢の変化に伴い所有者不明土地が増加していることに鑑み、所有者不明土地の利用の円滑化及び土地の所有者の効果的な探索を図るため、国土交通大臣及び法務大臣による基本方針の策定について定めるとともに、地域福利増進事業の実施のための措置、所有者不明土地の収用又は使用に関する土地収用法の特例、土地の所有者等に関する情報の利用及び提供その他の特別の措置を講じ、もって国土の適正かつ合理的な利用に寄与することを目的とするものであり (所有者不明土地利用1)、その主な内容は次のとおりです。

① 　国土交通大臣及び法務大臣は、所有者不明土地 (相当な努力が払われたと認められるものとして政令 (所有者不明土地利用令1) で定める方法により探索を行ってもなおその所有者の全部又は一部を確知することができない一筆の土地 (所有者不明土地利用2①)) の利用の円滑化等に関する基本的な方針を定め、これを公表しなければなりません (所有者不明土地利用3①④)。

② 　地域福利増進事業 (地域住民その他の者の共同の福祉又は利便の増進を図るための公園、広場等の整備に関する公共的事業 (所有者不明土地利用2③)) を実施するため、特定所有者不明土地 (簡易な構造で小規模なものを除いて建築物が存在せず、現に利用されていない所有者不明土地 (所有者不明土地利用2②)) であって反対する権利者がいないものについては、都道府県知事の裁定により、一定期間 (上限10年間 (所有者不明土地利用13③)) の土地使用権等の設定を可能とする制度が創設されました。

③ 　特定所有者不明土地で反対する権利者がいないものについて、土地収用法の収用手続の合理化を行うこととし、収用委員会ではなく、都道府県知事の裁定により土地の収用又は使用ができます (所有者不明土地利用10)。

| Q&A | 第1 総論 31

④　都道府県知事及び市町村長は、地域福利増進事業等の実施の準備のため土地所有者等を知る必要があるときは、その探索に必要な限度で、その保有する土地所有者等関連情報を内部で利用することができます（所有者不明土地利用39①）。

⑤　都道府県知事及び市町村長は、地域福利増進事業等を実施しようとする者から土地所有者等関連情報の提供の求めがあったときは、その探索に必要な限度でこれを提供するものとし（所有者不明土地利用39②）、国及び地方公共団体以外の者に対し提供しようとするときは、あらかじめ、本人の同意を得なければなりません（所有者不明土地利用39③）。

⑥　登記官は、公共の利益となる事業を実施しようとする者からの求めに応じ、土地の所有権の登記名義人に係る死亡事実の有無を調査した場合において、当該土地が特定登記未了土地（所有権の登記名義人の死亡後に相続登記等がされていない土地であって、公共の利益となる事業の円滑な遂行を図るため所有権の登記名義人となり得る者を探索する必要があるもの）に該当し、かつ登記名義人の死亡後10年以上30年以内において政令で定める期間（30年（所有者不明土地利用令10））を超えて相続登記等がされていないと認めるときは、登記名義人となり得る者を探索した上、職権で、登記名義人の死亡後長期間にわたり相続登記等がされていない土地である旨等を登記に付記することができます（所有者不明土地利用40）。

⑦　地方公共団体の長等は、所有者不明土地の適切な管理を図るため、家庭裁判所に対し、民法の規定による不在者の財産の管理についての必要な処分の命令又は相続財産の管理人の選任の請求をすることができます（所有者不明土地利用38）。

⑧　その他所要の規定の整備を行います。

⑨　この法律は、一部の規定を除き、平成30年11月15日から施行されます（所有者不明土地利用附則①）。

（2） 所有者不明土地利用法の構成内容

　所有者不明土地利用法の概要は前記(1)のとおりですが、法律の構成内容についての概要は以下のとおりです。

　第1章の総則においては目的規定と定義規定を置きました。

　目的規定はこの法律の方向性を指示し、また定義規定については新しい単語がありますので、重要です。

　第2章の基本方針等については、全体的な基本方針について国土交通大臣及び法務大臣の作成義務を設け、国の責務と地方公共団体の責務について規定しています。

　第3章の所有者不明土地の利用の円滑化のための特別の措置については、①地域福利増進事業の実施のための措置、②特定所有者不明土地の収用又は使用に関する土地収用法の特例、③不在者の財産及び相続財産の管理に関する民法の特例についてそれぞれ規定しています。

　①については地域福利増進事業の実施の準備、裁定による特定所有者不明土地の使用について規定しています。②については収用適格事業のための特定所有者不明土地の収用又は使用に関する特例と、都市計画事業のための特定所有者不明土地の収用又は使用に関する特例について規定しています。③については、民法で利害関係人又は検察官のみに認められている不在者財産管理人の選任申立権又は相続財産管理人の選任申立権を国の行政機関の長等に対し与える旨の特例を設けました。

　第4章の土地の所有者の効果的な探索のための特別の措置に関しては、土地所有者等関連情報の利用及び提供と特定登記未了土地の相続登記等に関する不動産登記法の特例に関する規定を置きました。この登記の特例に関する規定については、後述します。

　第5章の雑則については、地方公共団体の長が国土交通省に職員の派遣要請をすることができることや、地方公共団体の所有者不明土地を使用しようとする者に対する援助に関する規定のほか、手数料、権限の委任、事務委任、その他省令への委任規定及び経過措置に関する

規定があります。

第6章は罰則に関する規定です。

最後に附則において施行日に関する規定と、3年経過後にこの法律の施行の状況について検討し、その結果に基づいて必要な措置を講ずることが規定されています。

以上のように、章立ては、全6章及び附則から成り立っていますが、大きな分類としては、㋐所有者不明土地を円滑に利用する仕組み（第3章第1節・第2節）や㋑所有者の探索を合理化する仕組み（第4章）、及び㋒所有者不明土地を適切に管理する仕組み（第3章第3節）が創設されました。

(3) 所有者不明土地利用法の要件や手続等の違い

前記(2)の㋐から㋒までの規定が別な章立てで規定されている点に注意を要します。つまり㋐の利用、㋑の探索、㋒の管理に関する条文は共に所有者不明土地に関するものですが、それぞれ要件や手続等が違うということに注意しなければなりません。

## 3 登記官の付記登記と申請の勧告

所有者不明土地利用法において、登記官の職権による付記登記と申請の勧告という新しい制度ができました。概要は以下のとおりです。

① 起業者その他の公共の利益となる事業を実施しようとする者が区域を定め、所有者調査をし、所有者が不明な土地について登記官への所有者調査要請をします。

② 当該事業を実施しようとする区域内の土地について、所有権の登記名義人に係る死亡の事実の有無を登記官が調査し、当該土地が特定登記未了土地に該当し、かつ、当該土地につきその所有権の登記名義人の死亡後10年以上30年以内において政令で定める期間（30年（所有者不明土地利用令10））を超えて相続登記等がされていない土地（長期相続登記等未了土地）と認めるときは、当該土地の所有権の登記名義人となり得る者を探索します（所有者不明土地利用40①）。ま

た、探索を行った場合は、法定相続人情報が作成されます（所有者不明土地利用特例1①）。

なお、探索のために必要な限度で関係地方公共団体の長その他の者に対し、当該土地の所有権の登記名義人に係る死亡の事実その他当該土地の所有権の登記名義人となり得る者に関する情報の提供を求めることができます（所有者不明土地利用40③）。

③　登記官は長期相続登記等未了土地と認めたときは職権で、所有権の登記名義人の死亡後長期間にわたり相続登記等がされていない土地である旨、その他当該探索の結果を確認するために必要な事項として相続人の全部又は一部が判明しないときは、その旨及び作成番号をその所有権の登記に付記することができます（所有者不明土地利用40①、所有者不明土地利用特例3②）。

④　上記の探索により当該土地の所有権の登記名義人となり得る者を知ったときは、登記官はその者に対し、当該土地についての相続登記等の申請を勧告することができます（所有者不明土地利用40②前段）。

⑤　登記官は、相当でないと認めるときを除き、上記勧告をする場合は同時に相続登記等を申請するために必要な情報（申請窓口に係る情報や申請情報の内容とすべき事項など）を併せて通知する必要があります（所有者不明土地利用40②後段）。

なお、所有権の登記にする付記についての登記簿及び登記記録の記録方法その他の登記の事務並びに勧告及び通知に関し必要な事項は、法務省令で定められており（所有者不明土地利用特例4）、本問末尾のような様式となります。

## 4　法定相続人情報

法定相続人情報は、登記所ごとに法定相続人情報を作成する順序に従って12桁の作成番号が付され（所有者不明土地利用特例1③）、電磁的記録で保存されるので（所有者不明土地利用特例1④）、所有権の登記名義人の相続人又は所有者不明土地利用法40条1項の申出をした公共の利益

となる事業を実施しようとする者から、法定相続人情報の閲覧の請求（不登121②）がされた場合には、当該電磁的記録に記録された情報の内容を書面に出力して表示するものとされています（不登規202②）。

(1)　法定相続人情報の保存期間

法定相続人情報は付記登記を抹消した日から30年間保存されます（所有者不明土地利用特例6①一）。

(2)　付記登記の抹消

所有者不明土地利用法40条1項の事項の登記がされた所有権の登記名義人について所有権の移転の登記をしたとき（これにより当該登記名義人が所有権の登記名義人でなくなった場合に限ります。）は、登記官は職権で、当該所有者不明土地利用法40条1項の事項の登記の抹消の登記をするとともに、抹消すべき登記を抹消する記号を記録することとされています（所有者不明土地利用特例7）。

(3)　法定相続人情報の相続証明情報としての利用

表題部所有者又は登記名義人の相続人が登記の申請をする場合において、当該表題部所有者又は登記名義人に係る法定相続人情報の作成番号（法定相続人情報に相続人の全部又は一部が判明しない旨の記録がないものに限ります。）を提供したときは、当該作成番号の提供をもって、相続があったことを証する市町村長その他の公務員が職務上作成した情報の提供に代えることができるものとされました（所有者不明土地利用特例8①）。

(4)　法定相続人情報の住所証明情報としての利用

表題部所有者の相続人が所有権の保存の登記の申請をする場合又は登記名義人の相続人が相続による権利の移転の登記の申請をする場合において、法定相続人情報の作成番号（法定相続人情報に当該相続人の住所が記録されている場合に限ります。）を提供したときは、当該作成番号の提供をもって、登記名義人となる者の住所を証する市町村長その他の公務員が職務上作成した情報の提供に代えることができるものとされました（所有者不明土地利用特例8②）。

36　　Q & A　第1　総　論

## ○登記記録例（平30・11・15民二612）

### 1　所有権の保存の登記

| 権　利　部　　（甲区） | | （所有権に関する事項） | |
|---|---|---|---|
| 順位番号 | 登記の目的 | 受付年月日・受付番号 | 権利者その他の事項 |
| 1 | 所有権保存 | 昭和何年何月何日<br>第何号 | 所有者　何市何町何番地<br>　甲　某 |
| 付記1号 | 長期相続登記等<br>未了土地 | 余　白 | 作成番号　第5100－2018<br>－0001号<br>平成30年何月何日付記 |

（相続人の全部又は一部が判明しないとき）

| 権　利　部　　（甲区） | | （所有権に関する事項） | |
|---|---|---|---|
| 順位番号 | 登記の目的 | 受付年月日・受付番号 | 権利者その他の事項 |
| 1 | 所有権保存 | 昭和何年何月何日<br>第何号 | 所有者　何市何町何番地<br>　甲　某 |
| 付記1号 | 長期相続登記等<br>未了土地 | 余　白 | 作成番号　第5100－2018<br>－0002号<br>　（相続人の全部（又は一<br>　部）不掲載）<br>平成30年何月何日付記 |

### 2　所有権の移転の登記（単有）

| 権　利　部　　（甲区） | | （所有権に関する事項） | |
|---|---|---|---|
| 順位番号 | 登記の目的 | 受付年月日・受付番号 | 権利者その他の事項 |
| 2 | 所有権移転 | 昭和何年何月何日<br>第何号 | 原因　昭和何年何月何日<br>売買<br>所有者　何市何町何番地<br>　甲　某 |

| | | | |
|---|---|---|---|
| 付記1号 | 長期相続登記等未了土地 | 余　白 | 作成番号　第5100－2018－0003号<br>平成30年何月何日付記 |

## 3　所有権の移転の登記（共有）

| 権　利　部　　（甲区） | | （所有権に関する事項） | |
|---|---|---|---|
| 順位番号 | 登記の目的 | 受付年月日・受付番号 | 権利者その他の事項 |
| 2 | 所有権移転 | 昭和何年何月何日<br>第何号 | 原因　昭和何年何月何日売買<br>共有者<br>　何市何町何番地<br>　持分2分の1<br>　甲　某<br>　何市何町何番地<br>　2分の1<br>　乙　某 |
| 付記1号 | 2番共有者乙某につき長期相続登記等未了土地 | 余　白 | 作成番号　第5100－2018－0004号<br>平成30年何月何日付記 |
| 付記2号 | 2番共有者甲某につき長期相続登記等未了土地 | 余　白 | 作成番号　第5100－2018－0005号<br>平成30年何月何日付記 |

## ○法定相続人情報（平30・11・15民二612）

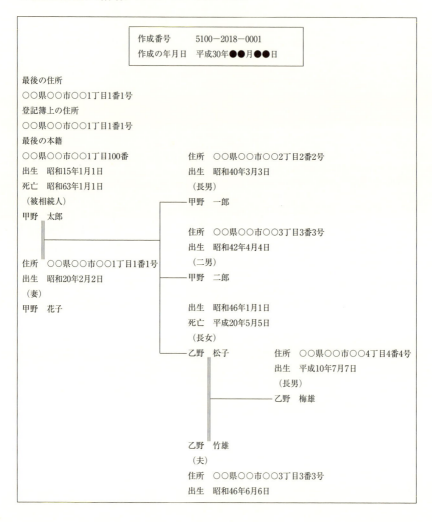

## ○通知書

通　知　書

　所有者不明土地の利用の円滑化等に関する特別措置法（平成30年法律第49号）第40条第1項に基づき、下記の土地について、その所有権の登記名義人の法定相続人を調査したところ、貴殿が当該法定相続人であることを確認しましたので、通知します。

　下記の土地について、所有権の移転の登記等所要の登記の申請をすることを御検討願います。

記

| | |
|---|---|
| 不　動　産<br>所　在　事　項<br>及び不動産番号 | ○○県○○市○○1丁目100番<br>○○○○○○○○○○○○○ |
| 登 記 名 義 人 | 甲野太郎 |
| 法定相続人情報<br>番号 | 5100－2018－0001 |

　平成○年○月○日

　　　　　　　　　　　　　　　○○法務局○○出張所
　　　　　　　　　　　　　　　登記官　　○○○○　　職印

# 第2　権利者の調査方法

## 9　権利者（所有権登記名義人）の調査方法と調査の流れは

**Q**　用地の取得を行うに当たり、権利者と交渉を行う必要があります。当然、権利者の住所、氏名、生存の有無を確認する必要があるのですが、どのように調査すればよいでしょうか。調査方法、調査の流れを教えてください。

**A**　当該用地の登記情報（登記事項証明書、地図情報等）を入手し、登記記録上の所有権登記名義人を確認します。続いて、登記記録上の所有権登記名義人の住民票、戸籍を調査することになります。調査の流れは、概ね次の順序になります。

### 解　説

1　登記情報（登記事項証明書、地図情報等）の入手

　登記記録上の所有権登記名義人を判明させるためには、登記事項証明書や地図情報等の登記情報を入手しなくてはなりません。登記情報を入手するためには、当該用地の所在地番を判明させる必要があります。

　住居表示地番対照住宅地図（ブルーマップ）により当該用地の位置を確認し、登記所に備えられている地図（不登14①）又は地図に準ずる図面（俗に「公図」といわれています（不登14④）。）と照らし合わせて、当該用地の所在地番を特定します。

　また、登記事項証明書の記載がコンピュータ化の移記ミスにより間違っている場合や土地の分合筆の経緯を調査する場合には閉鎖登記簿謄本を取得し、調査する必要もあります。

## 2　住民票の取得

　登記記録上の所有権登記名義人が実在するのか、住民票を取得して確認します。住民票は、死亡、転出があると、住民基本台帳から除かれ、以後住民票除票となります。除票の保存期間は5年であるため、死亡、転出後5年を経過すると住民票除票による調査が不可能になる可能性があります。

　登記記録上の住所と本籍が同一であると考えられる場合には、戸籍の附票を請求することにより、所有権登記名義人の住所を確認することも可能です。ただし、戸籍の附票も住民票と同じく保存期間が5年であることに注意する必要があります（住基台帳令34①）。筆者の経験によれば、住民票は廃棄若しくは非公開であっても、戸籍の附票はある程度の期間保存している自治体が多いように思えます。

　なお、住民票除票の保存期間を150年程度に延長する検討が行われています。

## 3　戸籍証明の取得

　登記記録上の住所と本籍が同一であることも考えられるため、住民票や除票が取得できない場合には、戸籍証明（戸籍全部事項証明書、戸籍謄本、除籍謄本、改製原戸籍謄本等）を請求します。

　特に住民登録法が施行された昭和27年7月以前に登記名義人となっている場合には、本籍と住所が同一ですので、高い確率で戸籍証明を取得できると考えられます。

　なお、不動産登記において住民票等の住所証明情報が添付書類となったのは昭和32年4月1日からですので、それ以前の登記名義人については、虚無人名義の可能性もあるということに留意すべきです。

## 4　固定資産課税台帳の調査

　固定資産税の納税義務者を特定するために作成されていますので、固定資産評価証明書を取得すると納税義務者が明らかになる場合があります。

なお、固定資産評価証明書は、一定の利害関係を有する者、訴額算出のためなど、請求権者に制限があります（地税令52の15四）。

所有者不明土地の利用の円滑化等に関する特別措置法39条により、土地の所有者の効果的な探索のための特別の措置が規定され、

① 都道府県知事及び市町村長は、地域福利増進事業等の実施の準備のため土地所有者等を知る必要があるときは、その探索に必要な限度で、その保有する土地所有者等関連情報（土地所有者等と思料される者の氏名又は名称、住所等の情報をいいます。）を内部で利用することができるものとすること（所有者不明土地利用39①）。

② 都道府県知事及び市町村長は、地域福利増進事業等を実施しようとする者からその準備のため土地所有者等を知る必要があるとして土地所有者等関連情報の提供の求めがあったときは、その探索に必要な限度でこれを提供するものとし（所有者不明土地利用39②）、国及び地方公共団体以外の者に対し提供しようとするときは、あらかじめ、本人の同意を得なければならないものとすること（所有者不明土地利用39③）。

③ 国の行政機関の長等は、地域福利増進事業等の実施の準備のため土地所有者等を知る必要があるときは、その探索に必要な限度で、当該土地に工作物を設置している者等に対し、土地所有者等関連情報の提供を求めることができるものとすること（所有者不明土地利用39⑤）。

とされており、今まで地方自治体や官公署等は内部でも土地所有者等の個人情報を他に利用することができませんでしたが、この法律により内部で利用することや外部に照会することができることとなりました。

## 5 登記記録上の所有権登記名義人の住所地調査

登記記録上の所有権登記名義人の住所地の登記情報を入手し、相続

の有無等を調査することにより、所有者を判明させることも可能です。

　これは、登記事項証明書を取得する全ての場合に当てはまりますが、共同担保目録付（閉鎖された目録を含みます。）で登記事項証明書を取得すると、所有権登記名義人に係る他の不動産を発見できる可能性があります。他の不動産の登記事項証明書を取得したら、所有権登記名義人の相続や新住所地が判明したなどということもあります。

## 6　現地での調査

　現地へ出張し、近隣の住民、地元の民生委員等に聞き込みを行います。また、現地だけでなく登記記録上の所有権登記名義人の住所が判明している場合には、当該住所地でも聞き取り調査も行うと、なおよいでしょう。

　その際にはメモ帳はもちろん、録音機、写真機、地図、方位磁石、名刺等を持参して調査結果を記録しておくと、所在不明者の場合の財産管理人選任手続、公示送達、公示催告等今後の手続の必要書類を作成する際の資料となりますので、将来を見据えた調査をすることを心がけます。

　また、聞き取りの相手が思い出して情報を提供してくれるかもしれませんので、名刺を渡す際には日常の連絡先以外にも携帯電話の電話番号や電子メールアドレスを知らせておくのもよいでしょう。

## 7　その他の調査

　現地や登記記録上の名義人の住所地での聞き取り調査に当たり、菩提寺らしきものがある場合には、その寺院に墓標や過去帳があるかを確認するのも有益です。過去帳が有力な調査資料になる場合もあります。

　ただし、個人情報保護の観点から、過去帳の開示を拒否される場合もあります。その際にはこちらの身分を明かし、調査の必要性を訴えるか親類縁者のご紹介をお願いすることも必要でしょう。

44　Q&A　第2　権利者の調査方法

## 10　どこまで調査すれば「調査を尽くした」と言えるのか

**Q**　Q9にあるとおり調査しましたが、所有者がわかりません。家庭裁判所に不在者財産管理人の選任を申し立てようと思いますが、どの程度までの調査で不在者と認められるのでしょうか。

また、供託による休眠担保権の抹消登記手続があると聞きましたが、この場合も調査はどこまで尽くせばよいのでしょうか。

**A**　基本的には、Q9にある書面上の調査、現地での調査、近隣住民や親族への聞き取り調査を行うことで、「調査を尽くした」と評価されます（所有者の所在の把握が難しい土地への対応方策に関する検討会『所有者の所在の把握が難しい土地に関する探索・利活用のためのガイドライン＋事例集Ver.2』38頁（大成出版社、2017）、民事月報43巻8号17頁）。

なお、休眠担保権の抹消登記手続については、特則（不登70）があります。

この特則手続では、登記義務者の「所在の知れないことを証する情報」として自然人であれば、受領催告書を配達証明付郵便にて送付し、その不到達を証明する方法、その他警察官による調査結果書、民生委員による証明書を添付することになります。法人については、法人の閉鎖登記簿等を調査した結果、法人の所在が判明しなかった旨を記載した調査書を添付します。

## 解　説

### 1　家庭裁判所に対する行方不明を証明する書類

家庭裁判所に対しては、上記書面上の調査、現地での調査をまとめた調査報告書、登記記録上の名義人がいないことの消極的証明として不在籍・不在住証明書を取得し、登記記録上の名義人に対して配達証明付郵便を送付し、その不到達をもって、行方不明を証明することになります。

### 2　休眠担保権の抹消登記手続

休眠担保権の抹消登記手続では、不在籍・不在住証明書、登記記録上の名義人に対して受領催告書を配達証明付郵便にて送付し、その不到達をもって、証明することになります（昭63・7・1民三3456第3）。その他、警察官による調査結果書、民生委員による証明書でも差し支えないとされています（昭63・7・1民三3499第1）。

現在の登記実務では、登記義務者の所在が知れないことを証する情報は、登記義務者が自然人であるときは、配達証明付郵便による登記義務者の登記記録上の住所に宛てた被担保債権の受領催告書が不到達であったことを証する情報で足りるとされており、先例上、書面上の調査、現地での調査に基づく調査報告書の添付までは求められていませんが、本人が生きているという情報や、死亡していてもその相続人が行方不明であるという情報を入手した場合には、更なる調査をする必要があります。

本来であれば充分に満足を得られる供託金を供託するのが本制度ですから、住民基本台帳法上の届出義務を怠り（住基台帳22〜24、罰則につき住基台帳52）、登記記録上の住所変更登記を怠っている登記名義人（罰則規定無し）に対して、自らが落ち度がないのに過度な調査をしなけ

ればならないという所有者等の関係を比較衡量すると、所有者等に必要以上の負担をかけさせるのは酷ではないかと思います。

　ただし、調査の過程で所在が判明した場合には、この手続をとることはできないことになり、不在者財産管理人や相続人、相続財産管理人の選任手続等、別の方法をとらざるを得ない場合があります。その場合には裁判上の手続として、もっと詳細な調査が必要となりますが、それは裁判上の手続を経ないで簡易な方法による抹消登記手続を認めた本制度との違いによります。

## 11 権利者調査が個人情報保護法等に抵触するのはどのような場合か

所有者の生存の有無、相続人の住所等を調査するに当たり、個人情報保護法等で留意すべきことはどのような点でしょうか。地方自治体部局間での情報共有化が必要になる場合もありますが、第三者への個人情報の提供は必ず本人の同意が必要なのでしょうか。

権利者調査のために除籍、戸籍、住民票、戸籍の附票を請求するに当たり、権利者調査以外の目的での使用は原則できません。

しかし、一定の場合には、本人の同意を得ることなく第三者へ個人情報を提供することができます。

個人情報については、とかく慎重な対応を取らざるを得ませんが、法令や自治体規定を精査し、調査目的を勘案の上、萎縮することなく適正な取扱いを行う必要があります。

また、戸籍や住民票等の取得に当たっては、該当する相続人のみの記載事項証明に限定し、他の同籍者や世帯員のものが省略された一部事項証明（抄本）を保有するのが望ましいと思われます。

解　説

1　個人情報の保護に関する法律（個人情報保護法）での個人情報

個人情報とは、生存する個人の氏名、生年月日その他の記述等で作られる記録により特定の個人を識別することができるものと定義され

ています（個人情報2①一）。

　対象となる個人は生存者とされていますので、死亡した個人は対象外となります。特定の個人を識別するものなので、氏名、生年月日のほかに住所、本籍も「その他の記述等」に含まれます。

## 2　個人情報保護法の適用対象者

　個人情報保護法では、個人情報データベース等を事業の用に供している者を「個人情報取扱事業者」と定めています（個人情報2⑤）。この個人情報取扱事業者からは、国の機関、地方公共団体、独立行政法人等が除外されていますが、これらの国の機関、地方公共団体等は、「行政機関の保有する個人情報の保護に関する法律」（以下「行政個人情報保護法」といいます。）により規制されています。

　「個人情報取扱事業者」については、当初個人情報データベース等を構成する個人の数が過去6か月以内のいずれの日においても5,000を超えない者とされ、小規模事業者は適用対象外とされていました。

　しかし、平成27年の法改正により、このような要件は撤廃されましたので、全ての事業者が個人情報保護法の規制を受けることになりました。

## 3　個人情報の第三者への提供

　個人情報保護法では、個人情報の第三者への提供につき、原則として本人の同意を必要としていますが、次の場合には本人の同意は不要とされています（個人情報23①）。

① 　法令に基づく場合
② 　人の生命、身体又は財産の保護のために必要がある場合であって、本人の同意を得ることが困難であるとき
③ 　公衆衛生の向上又は児童の健全な育成の推進のために特に必要が

ある場合であって、本人の同意を得ることが困難であるとき

④ 国の機関若しくは地方公共団体又はその委託を受けた者が法令の定める事務を遂行することに対して協力する必要がある場合であって、本人の同意を得ることにより当該事務の遂行に支障を及ぼすおそれがあるとき

国や地方公共団体等に適用される行政個人情報保護法でも、次の場合には、本人の同意を得ることなく第三者に個人情報を提供することが許容されています（行政個人情報8②二・三）。

① 行政機関が法令の定める所掌事務の遂行に必要な限度で保有個人情報を内部で利用する場合であって、当該保有個人情報を利用することについて相当な理由のあるとき

② 他の行政機関、独立行政法人等、地方公共団体又は地方独立行政法人に保有個人情報を提供する場合において、保有個人情報の提供を受ける者が、法令の定める事務又は業務の遂行に必要な限度で提供に係る個人情報を利用し、かつ、当該個人情報を利用することについて相当な理由のあるとき

## 4 個人情報取扱事業者の義務

個人情報取扱事業者の義務として、個人情報保護法第4章で、利用目的の特定、利用目的による制限、適正な取得、取得に際しての利用目的の通知等、データ内容の正確性の確保等、安全管理措置、従業者の監督、委託先の監督、第三者提供の制限等様々な義務が課せられています。

このような義務の履行に当たり、最も取扱事業者の関心が高いのが安全管理措置義務として、「データの漏えいに関する適切な措置を講じること」だと考えられます。

最近のハッキングやパソコンの遠隔操作技術を考えると、データの

漏えいを100%防げると断言はできず、被害を拡大させないためにも不要な個人情報は極力保有するべきではないでしょう。

## 5 相続人等関係人への提供資料作成に当たっての留意事項

名義人が死亡し、その相続人に打診を行うことがあります。その際に参考資料として相続関係図を提示することがありますが、個人情報保護の観点から、本籍、住所地は記載せず、生年月日も生年だけにとどめるなどの工夫が必要です。

## 6 所有者不明土地の利用の円滑化等に関する特別措置法との関係

所有者不明土地問題が社会問題とされ、官公署が公共事業を行う際に、登記名義人と現在の所有者の不一致（当然所有者不明も含みます。）がその公共事業執行の妨げになると指摘されていました。

その改善策の一つとして「所有者不明土地の利用の円滑化等に関する特別措置法」が平成30年6月6日可決され成立し、同年11月15日から施行されました。この法律では個人情報の相互利用に関して以下のように規定されています。

所有者不明土地の利用の円滑化等に関する特別措置法39条により、土地の所有者の効果的な探索のための特別の措置が規定され、

① 都道府県知事及び市町村長は、地域福利増進事業等の実施の準備のため土地所有者等を知る必要があるときは、その探索に必要な限度で、その保有する土地所有者等関連情報（土地所有者等と思料される者の氏名又は名称、住所等の情報をいう。）を内部で利用することができるものとすること（所有者不明土地利用39①）

② 都道府県知事及び市町村長は、地域福利増進事業等を実施しようとする者からその準備のため土地所有者等を知る必要があるとして

土地所有者等関連情報の提供の求めがあったときは、その探索に必要な限度でこれを提供するものとし（所有者不明土地利用39②）、国及び地方公共団体以外の者に対し提供しようとするときは、あらかじめ、本人の同意を得なければならないものとすること（所有者不明土地利用39③）

③　国の行政機関の長等は、地域福利増進事業等の実施の準備のため土地所有者等を知る必要があるときは、その探索に必要な限度で、当該土地に工作物を設置している者等に対し、土地所有者等関連情報の提供を求めることができるものとすること（所有者不明土地利用39⑤）

とされており、今まで地方自治体や官公署等は内部でも土地所有者等の個人情報を他に利用することができませんでしたが、この法律により内部で利用することや外部に照会することができることとなりました。

## 12 権利者が株式会社の場合の調査方法は

　不動産登記記録を調査したところ、登記名義人が株式会社でした。法人名義の場合には、どのような調査をしたらよいでしょうか。

　登記名義人が株式会社の場合には、まず、商業登記記録を調査することになります。その後、株式会社の本店の所在地及び支店の所在地を探すことになります。また、株式会社の役員欄から発見できた役員についても調査することになります。

### 解　説

#### 1　商業登記記録の調査

　株式会社の登記記録を調査するには、現在の登記記録から過去の登記簿に遡って調査する必要があります。

　現在の登記記録はそのほとんどがコンピューターによる登記記録ですので、環境さえ整っていれば、インターネットによる閲覧をすることが可能です。ただし、履歴事項については、過去の3年分までが表示限度ですので（商業登記規則30①二）、それ以前のものは別途閉鎖事項として証明等を受けることとなります。

　インターネットによる閲覧ができない場合には、郵送による登記事項証明書の交付の申請をすることも可能ですが、コンピューター登記記録になる前の登記記録が紙でできている登記簿の場合には、閉鎖登記簿になっています。コンピュータ化した後の閉鎖事項以外の閉鎖登記簿は、郵送だと何度もやりとりをすることがありますので、直接

Q&A 第2 権利者の調査方法 53

管轄法務局に行って申請した方が効率的です。

　商業登記の閉鎖登記簿については、法務局によってはその法務局に
ある登記簿を遡って全部取得してくれる登記所もありますが、原則は
閉鎖登記簿を閲覧してその都度閉鎖登記簿謄本申請書を提出する必要
があります。なお、閉鎖登記簿については何種類かありますので注意
する必要があります。


## 2 閉鎖登記簿の種類

　閉鎖登記簿については、会社が他管轄に本店移転した場合や組織変
更した場合等のように登記簿全体が閉鎖される場合もありますが、紙
でできている登記簿については、株式会社であれば、商号・資本欄、
目的欄、役員欄、支店欄、その他の事項欄等それぞれの登記事項欄の
専用紙で調製されています。

　例えば、目的欄について説明すると、会社の目的が10個あった場合
に、そのうちの1つの目的を変更する場合であっても、申請人側で新し
い目的欄に全ての目的を記載して登記所に提出し、登記所はその目的
欄を利用して登記簿とすることとしていました。したがって、古い登
記簿（目的欄）については閉鎖登記簿となりますので、現在の登記記
録の丁数が2丁になっていれば、「1丁○年○月○日閉鎖」の記載がされ
ているので、その日付の「○年○月○日閉鎖目的欄」を申請すること
になります。現在の目的欄が3丁であれば同様に、2丁、1丁と閉鎖目的
欄を申請することになります。役員欄の場合でも、同様に現在の登記
記録から閉鎖役員欄を遡って調査することになりますが、閉鎖役員欄
を請求する場合には、途中商号変更している場合に注意する必要があ
ります。役員欄や目的欄については会社の商号が記載してあり、その
商号で当該登記簿を特定することとなりますので、1丁と2丁の間に商
号変更していた場合には、1丁は旧商号を記載して閉鎖役員欄を申請

しなければ、「該当なし」ということになり、当該閉鎖役員欄は証明してもらえないことになります。

また、紙の登記簿の場合には登記簿の左側に枚数欄があり、6枚で登記簿が構成されていれば6の番号のところに登記官の押印がしてあります。したがって、閉鎖登記簿の謄本を請求する場合には枚数の確認も必要となります。

## 3　会社所在地の調査

会社所在地の調査については、実際にその株式会社の住所に行って、現場調査をします。株式会社の住所については登記記録の本店欄を見れば所在地は記載されています。株式会社の本店の記載事項としては、地番までを記載すればよく、マンション等の場合には部屋番号を記載していなくても商業登記は受理されますので、その場合には部屋番号を現場で確認する必要があります。

なお、本店移転をしている場合には、登記記録の本店欄に、その履歴が掲載されますが、その他に登記記録の最終ページの登記記録（紙の場合登記用紙）を起こした事由欄を見て、「○年○月○日○○から本店移転」という記載がされていれば、その旧本店から移転をしてきたということが分かります。

商業登記記録の支店欄に記載があれば、当該支店に行って、調査する必要もあります。なお、支店欄には支店の番号が振られていますので、同じ番号があって下線が引かれている場合には、支店が移転しているということになります。したがって、その場合には下線が引かれていない現在の支店を調査することになります。

## 4　会社役員の調査

商業登記記録の役員欄に役員が記載されていますが、株式会社の場

Q & A 第2 権利者の調査方法 55

合には、住所が記載されているのは代表取締役のみで、取締役や監査
役については、氏名のみで住所は記載されていません。

　通常は、代表取締役の自宅を調査することでよいと思われますが、
もし取締役や監査役について調査しようとする場合には、その就任登
記の登記申請書を利害関係人として閲覧し、その就任承諾書に記載さ
れている住所を調査するということも可能です。しかし、平成27年以
前については、株主総会議事録に就任承諾の旨の記載があれば登記申
請書に就任承諾書を添付しなくても、株主総会議事録を就任承諾書と
して援用することができましたので、その場合には、取締役等の自宅
の住所は分からないということになります。

## 5　その他の調査

　ホームページで会社を検索する場合もあります。類似の会社がヒッ
トしたり、会社の情報が古かったりする場合もありますが、古い情報
の中に有益情報が含まれている場合もありますので、情報の分析は必
要です。

　その他、国税局のホームページで会社法人等番号を検索することが
できますが、そこに掲載されている会社法人等番号の1番左の1桁を削
除した番号が、当該法人の会社法人等番号ということになっています。
したがって、会社の場合には会社法人等番号を国税庁ホームページか
ら調査することも可能です。

　その他に調査すべき場所としては、当該会社を管轄する税務署や社
会保険事務所又は労働基準監督署等が考えられます。

## 13 登記情報による確認は

不動産登記簿はコンピュータ化されているのでインターネットにより登記情報による確認をしようと思いますが、どのように調査すればよいでしょうか。調査の方法や流れについて教えてください。

コンピュータ化されている不動産登記簿の確認は、インターネットにより登記情報提供サービスを利用して閲覧する方法が一般的です。サービスの利用には、原則として事前登録が必要ですが、スポット利用者のための一時利用という方法もあります。

その内容はリアルタイムで現在の登記情報が閲覧できるので大変有用なものですが、過去の情報を調べる場合には不向きな場合もあります。

過去の情報を調査する場合には、閉鎖登記簿謄本を取得します。

また、現在の情報であれば共同担保目録により、他の不動産を探し出すことができる場合もありますし、地図等により、その位置関係を知ることができる場合もありますので、以下その概略と注意点を説明します。

解　説

### 1　コンピュータ化された登記事項

現在の登記簿は、そのほとんどがコンピュータ化されており、登記事項を閲覧する場合には登記情報提供サービスを利用することが一般

的です。

リアルタイムの登記情報を知ることができることは利点ですが、コンピュータ化時点以降の情報しか閲覧できないことが欠点です。

なお、現在の情報であれば、登記記録の一部とみなされる共同担保目録や各種地図等の図面についても閲覧することができるので大変便利です。

コンピュータ化される以前の情報については紙の登記簿に記録されているので、インターネットで閲覧することはできません。したがって、コンピュータ化以前の情報が必要な場合には、コンピュータ化によって閉鎖された閉鎖登記簿謄本を取得する必要があります。なお、閉鎖登記簿は登記簿が閉鎖された時点での管轄登記所に存在しますので、郵送又は直接登記所に行って閉鎖登記簿謄本の交付の申請をするか、閲覧することになります。

なお、どんどんと過去に遡って情報を調査しようとする場合は、登記所で閲覧をしながら、近隣の土地の調査及び共同担保目録を閲覧するということも有用となります。

## 2　分合筆の確認

土地の登記記録を見ると表題部に「何番の土地から分筆」と記載されていたり、「何番と何番を合筆」と記載されていたりする場合があります。

その場合には、分筆前の土地を見ることにより、今の登記記録には無い情報を知ることができる場合があります。例えば甲という土地から乙という土地に分筆された場合においては、分筆時点での有効な登記事項が分筆後の登記記録に移記されますので、A→B→C→Dと所有権が移転している場合で分筆があった場合には、Dの所有権移転登記のみが分割後の土地に移記されます。したがって、過去に遡る場合

には分筆前の登記簿を閲覧する必要があります（分筆事項が分かっていれば分筆前の閉鎖登記簿謄本を申請することも可能です。）。

　合筆の場合には2つ以上の登記を1つにすることですから、合筆前の登記事項は同一であるということが一般的ですが、合筆する前の別の土地については、別の所有者から所有権の移転が転々とあり、最終的な所有者が同一人の場合も合筆登記は可能ですので、合筆前の土地も調査してみる価値は十分あります。

　なお、分合筆を繰り返している場合には、ある程度の地域を決めて、その地域の範囲内で閲覧や閉鎖登記簿謄本の交付を申請しなければ、範囲が必要以上に広がってしまい、無駄な調査をする可能性が高くなります。

## 3　共同担保目録の確認

　権利部の乙区に抵当権設定登記がある場合、共同担保目録に記載されている他の不動産を調査する必要があります。共同担保物件は、債務者が同一人であり、その抵当権設定者が同一人であることが多いからです。

　共同担保目録に記載されている他の不動産の登記事項証明書を確認すれば、その所有者が判明します。そこで、その不動産に別の抵当権が設定してある場合には、その共同担保目録に別の不動産が記録されているということもあり得ますので、共同担保目録の内容を全部確認する必要があります。

　なお、登記事項証明書を申請すれば自動的に共同担保目録が付いてくるというわけではないので、共同担保目録が必要な場合には登記事項証明書を申請する際に共同担保目録付と記載して申請しなければなりません。

　また、共同担保目録と同様に登記記録の一部とみなされるものに、信託目録というものがあります。

信託の場合には、受託者に所有権が移転していますが、どのような信託がなされているかということを確認するためには、信託目録を調査する必要があります。

信託目録も同様に、自動的に付いてくるわけではないので、申請書に信託目録付ということを記載する必要があります。

## 4　地図の確認

登記情報提供サービスを利用して地図等を申請することができます。その場合には、所在、地番を特定して地図を申請することになりますが、1つの地図には近隣の土地も記載されています。したがって、隣の土地を申請したとしても、ほぼ同じ内容の情報しか得られませんので、ある程度広い範囲を請求する場合には地図の端の部分の地番を請求することにより、地図同士がつながる情報となります。

なお、複数の地図を組み合わせたとしても、土地の形が別の地図と一致することは多くありません。その点は、国土調査が実施された地域であれば地図の精度は高いこととなりますが、国土調査が実施されていない地区については、その区域の地図（旧公図）の精度は相当悪いというのが一般的な認識です。

その場合には、ある程度の形や方法が確認できるという程度の資料としてしか使えません。

## 5　閉鎖登記簿や土地台帳の確認

登記情報からは最新の登記情報しか得られないのが一般的な認識です。それ以前の情報を収集する場合には、前述のように分合筆した土地を調査したり、共同担保物件を調査したりすることの他に、当該土地のもっと古い閉鎖登記簿や土地台帳等の帳簿を調査する方法もあります。

それは登記簿と土地台帳が一元化された昭和35年より前の土地台帳を調査するということです。登記簿と共に、税金関係では土地台帳や家屋台帳という帳簿が税務署に備え付けられていました。土地や建物の税金が国税から地方税に変わったのを機に、土地台帳や家屋台帳を法務局が引き継いだ経緯があります。

登記に申請義務が課せられないのに対し、台帳制度では徴税機能を有しているため、届出義務が課せられていました。したがって、登記簿よりも台帳の記載事項の方が正確であるという場合が多かったので、土地台帳や家屋台帳を調査してみるのも、古い所有者を探索するには有効な方法ではないでしょうか。

## 6　建物所在図の確認

登記所には、建物所在図というものも備え付けられています。これは、建物の所在場所について、建物がどの位置にどのような形で建っているかということが分かる図面です。

その他、各階平面図というものもあり、建物の各階の床面積や形状は、各階平面図を見れば明らかとなります。

## 7　インターネットでの閲覧に関し注意すべき点

登記の全部事項の閲覧は335円かかりますが、もっと安い閲覧として、所有者事項の閲覧というものがあります。金額は145円と安いので使ってみたくなりますが、その提供している内容は、土地については所在地番のみであり、地目や地積は表示されません。また、所有者についても住所、氏名と持分の記載はありますが、抵当権の設定等、所有権以外の事項は記載されていませんので、土地の地目が何で、広さはどれくらいあるかというようなことは全く見当がつきません。もし、その内容を把握している場合であっても、閲覧が調査目的であれ

ば現状が変更しているかという視点から地目や地積については確認する必要がありますので、所有者事項の閲覧についてはあまり利用価値がありません。

　また、二重取得についても注意する必要があります。以前電子閲覧をしてみたにもかかわらず、間違って同一物件を閲覧しようとした場合には、閲覧手数料を二重に支払うことになってしまいます。

　最近は同一の土地を2度目に申請しようとする場合には、確認画面が出るようになりましたが、それでも慣れた手つきでパソコンをポンポンとクリックをしてしまうと申請してしまうこともあります。

　以前申請した時から相当期間経過している場合には、再度申請することも必要となりますが、ある程度直近で申請している場合には二重申請には注意しましょう。

　その他、有効な利用方法として照会番号の利用（1個目は無料）という方法もあります。全部事項を閲覧する際に、照会番号のチェック欄がありますので、チェックをしておくと、照会番号が記載された内容が表示されます。

　照会番号というのは、その番号を法務局などの官公署に提出することで、照会番号によりこちらが閲覧した不動産について、同様の情報を登記情報センターから受け取ることができるというものです。登記の申請等に別の不動産の登記事項証明書が必要な場合などでは、登記事項証明書を添付する代わりに照会番号を提供することにより、登記事項証明書を添付しなくてもよいということになります。1個の照会番号は1回の申請にしか使用できません。申請先が複数ある場合は必要個数取得する必要があります。

## 8　インターネットでの登記事項証明書等の申請

　インターネットでは閲覧以外にも、登記事項証明書等を申請するこ

とができます。その場合には以下の点に注意する必要があります。

① 現在事項証明書と履歴事項証明書の違い

　　現在事項証明書は以前の変更事項については記載されず、最新の登記事項のみが証明されますので、変更等の履歴が必要な場合には履歴事項証明書を請求する必要があります。

② 閉鎖登記事項の限界

　　閉鎖事項証明書については、コンピュータ化後のものについてはインターネットでも申請することができますが、閉鎖登記簿については郵送による申請か、窓口での申請しかできませんので注意してください。

③ 事故簿の扱い

　　事故簿といわれるものについては、コンピュータ化されていませんので、登記事項証明書を申請することはできず、登記簿謄本を郵送又は登記所に行って申請する必要があります。

　　この場合は、前述の閉鎖登記簿ではなく、登記簿自体はコンピュータ化されていませんので、現在も生きている登記簿謄本ということになります。

　　どのような事項が事故簿の原因となるかといいますと、共有の移転登記が何回も繰り返されるうちに、全員の持分が合計して1にならない場合が発生していたり、自作農創設特別措置法による記入を見過ごして相続登記がされていたりする場合などです。

　　なお、インターネットによる登記事項証明書の申請は郵送が原則ですが、法務局の窓口に行って受領することも可能であり、また、速達料金を支払うことによって、速達扱いにすることも可能です。

Q&A　第2　権利者の調査方法　63

## 14　住民票や戸籍の附票による確認は

　住民票や戸籍の附票による確認をしようと思いますが、どのように調査したらよいでしょうか。調査の方法や流れについて教えてください。

　住民票も戸籍の附票も同じく住所を証明するものですが、住民票は住所地の市町村に申請し、戸籍の附票は本籍地の市町村に申請するということと、各々その閉鎖時期が違うことから保存期間にも影響がありますので、それぞれその利用する内容に応じて請求することが必要です。

解　説

### 1　住民票と戸籍の附票の違い

　住民票は、市町村において、住民の居住関係の公証、選挙人名簿の登録その他の住民に関する事務の処理の基礎とするとともに住民の住所に関する届出等の簡素化を図り、併せて住民に関する記録の適正な管理を図るため、世帯ごとに編成した住民基本台帳として管理されています。

　戸籍の附票とは、戸籍に記載されている者全員の住所が記載されている公簿ですが、戸籍に関連するものですから、本籍地の市町村が管轄地となります。なお、住民基本台帳と戸籍の附票の連携をとるために、市町村長は住民票の記載をした場合には、本籍地において戸籍の附票の記載の修正をすべきときは遅滞なく、当該修正をすべき事項を本籍地の市町村長に通知しなければならないこととされています（住基台帳19①）。そして、その通知を受けた事項が、戸籍の記載又は記録

と合わないときは、本籍地の市町村長は、遅滞なく、その旨を住所地の市町村長に通知しなければならないこととされています（住基台帳19②）。


## 2 住民票の記載事項と戸籍の附票の記載事項

住民票と戸籍の附票には以下の事項が記載されます。

① 住民票の記載事項 （住基台帳7）

⑦ 氏 名

④ 出生の年月日

⑦ 男女の別

④ 世帯主についてはその旨、世帯主でない者については世帯主の氏名及び世帯主との続柄

⑦ 戸籍の表示。ただし、本籍のない者及び本籍の明らかでない者については、その旨

⑦ 住民となった年月日 （その市町村に住み始めた日）

④ 住所及び一の市町村の区域内において新たに住所を変更した者については、その住所を定めた年月日及び従前の住所

⑦ 新たに市町村の区域内に住所を定めた者については、その住所を定めた旨の届出の年月日及び従前の住所

⑦ 個人番号 （行政手続における特定の個人を識別するための番号の利用等に関する法律2条5項に規定する個人番号をいいます。）

⑦ 選挙人名簿に登録された者については、その旨

⑦ 国民健康保険・後期高齢者医療・介護保険・国民年金・児童手当・米穀配給に関する事項

⑦ 住民票コード

⑦ その他政令で定める事項 （住基台帳令6の2）

⑦ 住民票の消除の理由 （除票） （住基台帳令13）

ⓐ 転出の場合：転出先の住所、転出年月日（除票）（住基台帳令13）

ⓑ 死亡の場合：死亡年月日（除票）（住基台帳令13・8）

ⓥ 外国人住民に係る特例記載事項（住基台帳30の45）

② 戸籍の附票の記載事項（住基台帳17・17の2）

⑦ 戸籍の表示

④ 氏　名

⑦ 住　　所

④ 住所を定めた年月日

⑦ 選挙人名簿に登録された者についてはその旨

　以上のように、住民票と戸籍の附票の記載事項については違いがありますので、請求する内容によってどちらかを選択することになります。

　ただし、一般的には、住民票の記載事項は同一市町村内において転居した場合には、その経緯は同一の住民票に記載されますが、他の市町村に住所移転した場合には、新しい住民票が作成され転入前の住所しか載らないので（転出すると除票となり、転入先では新規住民票となります。）、その経緯を追うためには、現在の住民票から順次遡って除票を請求する必要がありますが、戸籍の附票の場合には、他の市町村に住所移転したとしても、本籍地が同一であれば戸籍の附票に一覧として記載されますので、他の市町村に何回も住所移転している人の住所を調査する場合には、住民票と除票を何枚も取得しなければならないのに対して、戸籍の附票の場合には1枚で全住所が証明できる場合があります。

　また、住民票や戸籍の附票の除票の保存期間は、消除された日から5年間とされていますので（住基台帳令34）、管轄外に転出した人については5年以上前の住所移転については除票が廃棄されている場合が多く、証明が得られません。しかし、転居と共に転籍をする人は少ない

ので、戸籍の附票の方は記録が残っている場合が多いということになります。なお、5年を超えた除票の保存やその写し等の交付については、市町村により取扱いが異なりますので、市町村の担当課に確認することが必要になります（規則で5年間保存となっていても、それ以上保管していて証明書を出してくれる市町村があります。）。

## 3　住民票の取得方法及び注意点

### (1)　住民票を取得する際の注意点

　住民票の写し等の交付を受ける場合には、住民票のある市町村に対し、請求対象者の氏名、住所、請求事由などを明らかにして交付請求を行いますが、住民票の記載内容は個人情報でもありますので、誰でも請求できるというものではありません。また、請求者の身分証明書や相続証明書等が必要になりますから、添付書類が不足して、証明が得られない場合もありますので注意してください。

　郵送での申請も可能ですが、住民票の写しの交付手数料の支払は郵便局の定額小為替に限られていることや、返信用封筒を同封して請求する点にも注意してください。郵便については書留である必要はありませんが、普通郵便では郵便事故の際に責任の所在や損害額に関してトラブルの原因となります。

　なお、住民票の除票の写しの交付を受ける場合は、請求する種類のところの除票という部分にチェックをする以外は住民票の写しの取得手続と同様です。なお、手数料については300円の市町村が多いようですが、200円の場合もありますので、事前に市町村のホームページ等で料金を確認した方がよいでしょう。

　また、最近は市町村によっては郵送センターを設け交付事務手続を一括で管理している場合もありますので、市町村のホームページで確認するか、又は電話で郵送先等を確認するとよいでしょう。

### (2) 請求権者

住民票の写しの交付については、個人情報保護の観点から第三者請求等について、市町村長は、住民票の写しの交付申出を相当と認めるときは住民票の写し等を交付することができると規定されており（住基台帳12の3①）、住民票の写し等の交付は、市町村長の裁量に委ねられています。

なお、住民票の写し及び戸籍の附票の写しの交付については、ドメスティック・バイオレンス及びストーカー行為等の被害者並びに児童虐待の被害者等を保護するため、市町村長は、加害者等からの交付申出には応じない取扱いとされています（昭42・10・4自治振150等第6・10）。

住民票の写しの交付請求に当たっては、請求事由（法的根拠等）等を明確に示す必要があり、市町村には交付の裁量権があることに注意が必要です。

住民票の写し等の交付請求ができる場合は以下のとおりです。

① 住民基本台帳に記録されている者が自己又は自己と同一の世帯に属する者に係る住民票の写し等の交付請求をする場合（住基台帳12①）

② 国や地方公共団体の機関が、法令で定める事務の遂行のために必要である場合（住基台帳12の2①）

③ 自己の権利行使・義務履行のために住民票の記載事項を確認する必要がある者、国又は地方公共団体への提出が必要な者、その他住民票の記載事項を利用する正当な理由がある者からの請求である場合（住基台帳12の3①）

④ 弁護士・司法書士等の特定事務受任者から、受任している事件又は事務の依頼者が③に掲げる者に該当することを理由として交付請求をする場合（住基台帳12の3②）

住民票の調査において転出先が判明しなかった場合には、戸籍の表示のある住民票の除票の写しを入手して本籍地を把握し、その本籍地

の市町村から戸籍の附票の写しを入手する必要がありますので、住民票の写しを請求する際は本籍の記載付きで請求するとよいでしょう。

## 4　戸籍の附票の取得方法及び注意点

戸籍の附票の写しの交付請求は、住民票の写しの交付請求と同様に制限がありますので、以下の場合に請求ができます。

①　戸籍の附票に記録されている者又はその配偶者、直系尊属若しくは直系卑属がこれらの者に係る戸籍の附票の写しの交付請求をする場合（住基台帳20①）

②　国や地方公共団体の機関が、法令で定める事務の遂行のために必要である場合（住基台帳20②）

③　自己の権利行使・義務履行のために戸籍の附票の記載事項を確認する必要がある者、国又は地方公共団体の機関への提出が必要な者、その他戸籍の附票の記載事項を利用する正当な理由がある者からの請求である場合（住基台帳20③）

④　弁護士・司法書士等の特定事務受任者から、受任している事件又は事務の依頼者が③に掲げる者に該当することを理由として交付請求をする場合（住基台帳20④）

戸籍の附票の写しの交付を受ける場合には、記載内容を確認したい者の戸籍のある市町村（本籍地市町村）に対し、その者に係る氏名、戸籍の筆頭者の氏名、本籍などを明らかにして交付請求を行います。なお、戸籍の附票の除票の写しの交付を受ける場合の手続はこれに準じた手続となります。

郵送による手続の注意点は住民票の写しの交付請求と同様です。

## 15 戸籍による確認は

戸籍による確認をしようと思いますが、どのように調査したらよいでしょうか。調査の方法や流れについて教えてください。

日本国民であれば誰でも（皇族は除きます。）戸籍に記載されていますが、戸籍についてはいろいろな変遷があり、一人の人について戸籍謄本が何種類も存在する場合があります。その場合には現在の戸籍から過去の戸籍に遡って取得していくことが通常ですので、以下、いろいろな戸籍の種類の説明と、その読み方及び取得する際の注意点を説明します。

### 解説

#### 1 戸籍とは

　戸籍は日本国民を管理するために作られた帳簿であり、古くは旧民法（明治31年）においては家制度がありましたので、その家を一戸の単位として戸籍が作られました。家制度の時代には、戸籍の筆頭者を「戸主」と呼び、戸主権については家督相続という制度で承継されていました。

　戸主が変わると戸籍も新たに編製し、今のような夫婦1単位というものではなく、家に在る者全員を1つの戸籍に記載していました。

　しかし、新民法（昭和23年）になってからは家制度が廃止されて、個人の尊厳と両性の本質的平等とを旨とした現在の戸籍制度となります。

70    Q&A   第2   権利者の調査方法

　現在の戸籍制度では各家族を基に戸籍を作りますので、夫婦を1単位とし夫婦から生まれた子どもまでは1つの戸籍に登載されますが、その戸籍にある子どもが結婚した場合には、新たに戸籍を作ることになり（戸籍6）、結婚した子どもは除籍されます（戸籍23）。また、子どもが結婚していなくても孫を生んだ場合には、3世代戸籍は認められませんので、子どもが新たな戸籍を作るということになります（戸籍17）。

　戸籍を調査するに当たっては、以上のような経緯も知っておかなければ、昔の戸籍を見たときに、なぜこのような記載がされているのか、また、この戸籍はいつ作成されたのかということが理解できません。

　すべての日本国民について戸籍は作られるものですから、日本国民である限り、必ず戸籍に登載されなければならず、また同一人が、同時に2つ以上の戸籍に登載されることはできません。

　したがって、日本国民でありながらどの市町村の戸籍にも登載されていないいわゆる無籍者は、出生届をするか、あるいは家庭裁判所の許可を得て、就籍届により戸籍に登載される必要があります（戸籍110）。

　本籍は、日本の領土内ならばどこでも自由に定めることができることになっており、現実の居住関係とは必ずしも一致する必要はありません。しかし、本籍地は、戸籍の所在場所を表し戸籍を管轄する市町村を判断する重要な基準となります。

　戸籍の記載事項については、婚姻の際に、夫婦が夫の氏を称したときは夫が、妻の氏を称したときは妻が、戸籍の筆頭に書かれ、その次にその配偶者、更に子の順に書かれます（戸籍14）。

　この筆頭に書かれた者を一般に筆頭者と呼びますが、この筆頭者の氏名と本籍によって戸籍を表示しています（戸籍9）。

　戸籍には本籍のほか、戸籍内の各人について、次の事項が記載されています（戸籍13、戸籍規30）。

① 氏　名
② 　出生の年月日

③ 戸籍に入った原因及び年月日

④ 実父母の氏名及び実父母との続柄

⑤ 養子であるときは、養親の氏名及び養親との続柄

⑥ 夫婦については、夫又は妻である旨

⑦ 他の戸籍から入った者については、その戸籍の表示

⑧ 次に掲げる事項

　㋐ 上記①〜⑦の事項のほか、身分に関する事項

　㋑ 届出又は申請の受附の年月日並びに事件の本人でない者が届出又は申請をした場合には、届出人又は申請人の資格及び氏名（父又は母が届出人又は申請人であるときは、氏名を除きます。）

　㋒ 報告の受附の年月日及び報告者の職名

　㋓ 請求、嘱託又は証書若しくは航海日誌の謄本の受附の年月日

　㋔ 他の市町村長又は官庁からその受理した届書、申請書その他の書類の送付を受けた場合には、その受附の年月日及びその書類を受理した者の職名

　㋕ 戸籍の記載を命ずる裁判確定の年月日

　戸籍は、市町村の区域内に本籍を定める一の夫婦及びこれと氏を同じくする子ごとに、これを編製するのが原則ですが、外国人と結婚した場合や配偶者がいない者について新たに戸籍を編製するときは、その者及びこれと氏を同じくする子ごとに、これを編製することになります（戸籍6）。

　また、戸籍は、正本と副本が設けられ（戸籍8①）、正本は市役所又は町村役場に備えられ、副本は、管轄法務局若しくは地方法務局又はその支局がこれを保存することとされています（戸籍8②）。

## 2　戸籍の変遷

### (1)　明治5年式戸籍

日本で最初に全国統一様式の戸籍ができたのが、この「明治5年式戸

籍」で、施行の年が壬申の年だったので、一般に「壬申戸籍」（じんしんこせき）といわれています。

現実に生活する戸主と、その家族（世帯）を構成員として、町村内の屋敷を単位に番号を定め、この屋敷番号を戸籍に表示し、屋敷番号順に編製されました。したがって、身分登録と共に住所登録という性格もあり、現在の住民票の役割をも果たしていました。

この戸籍は戸単位で全国を一律の基準で集計したものでしたが、戸籍様式並びに転出入が不統一であり、データ数値の不備や差別的記載もあるため、昭和43年以降は謄本の交付を受けられません。

(2) 明治19年式戸籍

近代的な戸籍様式並びに戸籍事務手続の整備を導入して全国的な統一を図りました。戸籍様式、戸籍制度の改革により除籍制度が設けられたのがこの戸籍からで、それまでは除籍という概念はありませんでした。

本籍の表示は住所とするという点は明治5年式戸籍と同じですが、屋敷番号制度ではなく地番制度が採用され、全員の生年月日を記載することとされました。

(3) 明治31年式戸籍

明治31年に制定された民法（旧民法）で、「家制度」が制定され、人の身分関係に関しても詳細な規定が設けられることになったので、それらの事項を登録できるようにするために、戸籍は内容が変わり、本籍地には地番の記載が徹底されるようになりました。

家制度の下では戸籍の編製単位を「家」とし、家督相続によって、戸主が交代した場合には、新たに戸籍が編製されました。また、現実の居住関係とは関係なく、親族関係の変動に伴う入家、去家をもって、戸籍への入籍、除籍の原因としました。

(4) 大正4年式戸籍

これまで、戸籍簿とは別にあった「身分登記簿」は、煩雑さのため

廃止して戸籍簿に一本化しました。「戸主となりたる原因及び年月日欄」を廃止し、戸主に関する情報内容は、事項欄に明記されるようになりました。

また、家族一人一人に両親の名前、生年月日、現在の戸主との続柄等が記載されるようになりました。

(5) 昭和23年式戸籍（現行戸籍＝紙の戸籍簿）

昭和23年に施行されたのが現行の戸籍法です。第二次世界大戦に敗戦し、昭和22年5月3日に新憲法が施行され、同時に「日本国憲法の施行に伴う民法の応急的措置に関する法律」が施行され、民法上の家の制度が廃止されました。

昭和23年から施行された新民法では、個人の尊厳と両性の本質的平等が基本原則とされたことから、それまでの「家」の制度を基本にした戸籍制度を改めることとなったわけです。

改正の要点の1つに、戸籍編製の単位を「家」に代えて、親族生活共同体の標準型としての夫婦とその間の氏を同じくする子をもって戸籍を編製するという方式が採られました。「戸主」欄がなくなり、代わって「筆頭者」と表示されることとなりました。

この改正で3世代を1つの戸籍で作成することができなくなりましたが、戦後の混乱期であったことから、実際の改製作業は昭和32年から約10年間にわたって実施されました。

| 簡易改製 | 昭和参拾弐年法務省令第二十七号により昭和○年○月○日本戸籍改製　㊞ |
|---|---|
| 本改製 | 昭和参拾弐年法務省令第二十七号により昭和○年○月○日あらたに戸籍を編製したため本戸籍消除　㊞ |

上記簡易改製の記載については、現在の戸籍が旧様式の戸籍ではあるが、戸籍の記載順序と戸籍に在る者が新法戸籍の編製基準（夫婦と

子ども）に合致しているものについては、別に新戸籍を作ることなく、この記載をすることによって新法戸籍に適合するものとして取り扱われたものです。したがって、この時点では、改製原戸籍は存在しないので、請求しても発行されません。

しかし、上記簡易改製済の戸籍で法的に新法に適合する戸籍とみなされても、形式的には旧法の様式による戸籍であるため、これを名実共に新法戸籍とするために、後日新法様式に書き替えました（本改製）。したがって、この場合には改製原戸籍が存在することになります。

(6) 平成6年式戸籍（コンピュータ戸籍）

平成6年に戸籍法及び住民基本台帳法の一部を改正する法律が施行され、従来、紙によって調製されていた戸籍が、磁気ディスクに記録して調製してもよいことになりました。いわゆる戸籍のコンピュータ化のことです。現在全ての戸籍がコンピュータ化しているわけではなく、コンピュータ化している市町村のみでこの改製がなされています。

戸籍をコンピュータ化するときは、現に効力を有する事項のみを移行する改製方式を採用しているため、例えば、紙の戸籍に記載されていた子どもが婚姻等の理由により除籍や消除されていたような場合、コンピュータ化された戸籍にはその旨のデータが移行されないことになります。

したがって、コンピュータ化された戸籍の証明書では、改製日以降の身分事項しか確認できませんので、改製以前の身分事項を証明するためには改製原戸籍も必要となります（この改製原戸籍を「平成改製原戸籍」といったりもします。）。

また、戸籍のコンピュータ化以降に転籍してきたような場合は、戸籍事項には「転籍日」や「従前本籍」の記載がされることになります。このような場合は、上記の戸籍事項に「改製日」や「改製事由」の記載はありません。

## 3　戸籍謄本・除籍謄本・改製原戸籍等の違い

### (1)　戸籍謄本等

戸籍に記載されている全ての事項を証明するのが戸籍謄本又は戸籍全部事項証明書です。謄本というのは、原本の内容を全部謄写したものをいいます。一部を謄写したものを抄本といいます。また、コンピュータ化されている場合には、データを出力することになりますので、全文を出力した場合には戸籍全部事項証明書といい、一部の事項を出力した場合には戸籍一部事項証明書といいます。

### (2)　除籍謄本（除籍事項証明書）

戸籍に記載された者全員が、死亡、婚姻、離婚、養子縁組、分籍、転籍等の理由により戸籍から除かれた場合には、その戸籍は除籍簿として保存されます。

除籍謄本（除籍事項証明書）とは、除籍に記載されている事項について証明するものです。

### (3)　改製原戸籍

改製原戸籍とは、戸籍を改製したことにより除籍となった戸籍のことをいいます。明治時代に全国統一の戸籍が生まれてから現在までに、戸籍法の改正により戸籍の改製が数回行われていますが、コンピュータ化前の紙によって編製されてきた戸籍は「改製原戸籍」と呼ばれる除籍として取り扱われます。このように、戸籍の様式の変更により、改製される前の戸籍を改製原戸籍といい、改製後の戸籍には、改製以前に死亡、婚姻等で除籍された人については移記されません。

従来、除籍簿の保存期間は、保存期間開始年度の翌年から80年と定められていましたが、平成22年6月1日に戸籍法施行規則の改正が施行され、除籍簿の保存期間は、「保存期間開始年度の翌年から150年」（戸籍規5④）へ改められました。

しかし、既に保存期間80年を経過し廃棄された除籍簿については収

集できません。その場合には「除籍等の謄本を交付をすることができない」旨の市区町村長の証明書の交付を受けることができます。

## 4 戸籍を取得する上での注意点

戸籍法は、戸籍に記載されている者又はその配偶者、直系尊属若しくは直系卑属（以下「本人等」といいます。）からの交付の請求に対しては、その請求が不当な目的によることが明らかな場合を除き、これを公開することを原則としています（戸籍10）。他方、本人等以外の者（以下「第三者」といいます。）からの交付の請求に対しては、「自己の権利を行使し、又は義務を履行するために必要がある場合」等、戸籍の記載事項を利用する正当な理由がある場合に限って認めることとしています（戸籍10の2）。したがって、他人の戸籍謄本等の交付の請求をする者に、必要とする理由を明らかにさせるとともに、氏名その他の本人特定事項を明らかにすることを求め、運転免許証等の本人確認書類を提示させることとしています（戸籍10の3）。

また、偽りその他不正の手段により戸籍謄本等の交付を受けた者に対しては罰金刑を科すこととされています（戸籍133）。

戸籍謄本等の交付の請求の、本人等による交付の請求（本人等請求）と、第三者による交付の請求（第三者請求）の詳細は以下のとおりです。

### (1) 本人等請求

本人等は、その戸籍の謄本若しくは抄本又は戸籍に記載した事項に関する証明書の交付の請求をすることができることとされています（戸籍10①）。

しかし、その請求が不当な目的によることが明らかなときは、市町村長は、これを拒むことができます（戸籍10②）。

郵送での申請も可能ですが（戸籍10③）、戸籍謄本等交付の手数料の

Q&A 第2 権利者の調査方法 77

支払は郵便局の定額小為替に限られていることや、返信用封筒を同封して請求する点にも注意してください。郵便については書留である必要はありませんが、普通郵便では郵便事故の際に責任の所在や損害額に関してトラブルの原因となります。

なお、手数料については戸籍謄本は450円、除籍謄本や改製原戸籍については750円の市町村が多いようですが、念のため事前に市町村のホームページ等で料金を確認した方がよいでしょう。

(2) 第三者請求

本人等以外の者は、次に掲げる場合に限り、戸籍謄本等の交付の請求をすることができ、当該請求者は、それぞれ以下に定める事項を明らかにして請求することが必要となります（戸籍10の2）。

① 自己の権利を行使し、又は自己の義務を履行するために戸籍の記載事項を確認する必要がある場合は権利又は義務の発生原因及び内容並びに当該権利を行使し、又は当該義務を履行するために戸籍の記載事項の確認を必要とする理由

② 国又は地方公共団体の機関に提出する必要がある場合は戸籍謄本等を提出すべき国又は地方公共団体の機関及び当該機関への提出を必要とする理由

③ 上記①②に掲げる場合のほか、戸籍の記載事項を利用する正当な理由がある場合は戸籍の記載事項の利用の目的及び方法並びにその利用を必要とする事由

その他、国又は地方公共団体の機関は、法令の定める事務を遂行するために必要がある場合には、戸籍謄本等の交付の請求をすることができます。この場合において、当該請求の任に当たる権限を有する職員は、その官職、当該事務の種類及び根拠となる法令の条項並びに戸籍の記載事項の利用の目的を明らかにしてこれをしなければならないこととされています（戸籍10の2②）。

また、弁護士（以下、弁護士法人等各士業の法人を含みます。）、司法書士、土地家屋調査士、税理士、社会保険労務士、弁理士、海事代理士又は行政書士は、受任している事件又は事務に関する業務を遂行するために必要がある場合には、戸籍謄本等の交付の請求をすることができます。この場合において、当該請求をする者は、その有する資格、当該業務の種類、当該事件又は事務の依頼者の氏名又は名称及び当該依頼者についての上記①～③に定める事項を明らかにしなければならないこととされています（戸籍10の2③）。

　しかし、士業の場合は業務上の守秘義務があるため、受任している事件について訴訟代理や審査請求等の業務を遂行するために必要がある場合には、その有する資格、当該事件の種類、その業務として代理し又は代理しようとする手続及び戸籍の記載事項の利用の目的を明らかにすれば、その詳細は伏せてもよいこととされています（戸籍10の2④）。

## 16 関係者への聞き取り調査による確認は

権利者の住所、氏名などにつき、登記事項証明書等での調査で確認したところ、現実の住居所、氏名、生存などにつき不明でしたので、関係者に対して聞き取りにより確認したいと思いますが、どのように調査すればよいでしょうか。調査の方法や流れについて教えてください。

書面上での権利者の住所、氏名などの確認事項と現実の住居所、氏名、生存などにつき相違し不明の場合には、関係者への聞き取りにより調査します。なお、聞き取り調査の実施に際しては、その結果を記録することが大事になります。

したがって、聞き取り自体は2名以上でする方が効率がよく、また、その場合、1名は聞き役、1名は書記役のように役割分担をして効率良く、また後日のための証拠力があるように聞き取りをするのがよいでしょう。また、その際には名刺、ICレコーダーや住宅地図はもとより、相続人関係を調査する場合には相続関係説明図や家系図などを持参すると役に立ちます。

もちろん、電話番号等が分かっている場合には、事前にアポイントを取っておくというのも礼儀の1つです。

### 解 説

#### 1 自治会長や町内会長等に対する事前説明

現地での聞き取り調査を行おうとする場合には、その地区の自治会長や町内会長等に対し、調査の目的を説明し、あらかじめ地域の人間

関係の情報を入手しておくと調査がスムーズにいくことが多いと思われます。例えば、人間関係によっては対立しているような場合もあったりすると、聞き取りの順序によってはなぜ私が後なのかといったクレームがあったり、間違った噂話に尾ひれが付いたり、というようなこともあり得るので、事前に中立的な人の話を聞いておくことも重要です。

また、そこに住んでいないとしても、旧住所に行くと転居先についてある程度の情報を仕入れることもできる場合があります。

## 2 親族への聞き取り

登記情報などにより分かった住所に所有権登記名義人が不在の事情や音信不通になった時期・事情などを、登記名義人の親族より確認します。

できれば、上記確認した不在事実を上申書として書面に記載の上、親族に署名押印してもらいます。

## 3 親族等がいない場合

親族などがいなければ、現地での調査の上、近隣住民や集落代表者、民生委員などに協力を求め、所有権登記名義人の不在の事情や音信不通になった時期・事情などを確認します。できれば、上記確認した不在事実を上申書として書面にて記載の上、関係者に署名押印してもらい、関係者の資格なども明確に記載してもらいます。

また、法定相続人や関係者等を確認する場合などでは、寺院の保有する過去帳なども参考になるかと思われます。

## 4 聞き取り調査の留意点

現地での聞き取り調査を行う場合、調査の目的や調査結果の利用方

## Q&A 第2 権利者の調査方法 81

法を明確にし、聞き取り先関係者に不審を抱かせないよう配慮する必要があります。服装は清楚な服装をし、名刺も多めに持参しておきましょう。

面談をする対象者は1人だとしても、対象者は不安になるので誰かに同席を求めたりします。その時に名刺が足りなくなると相手方に失礼となりますので多めに持っていくと、他の人にも渡すことができ、また、後日同席した人から情報の提供がある場合もありますので、余裕をもって準備してください。

聞き取りを実施する前に、関連部局がある場合には、事前に可能な限り情報を入手しておくことができれば望ましいでしょう。先方にあらかじめ訪問する時間を伝えておけば関係資料を準備しておいてくれる場合もありますし、また、先方も困っている場合には、お互いの情報交換をすることも可能となります。

今まで行ってきた調査方法や調査対象なども示すことにより、お互いの情報交換は、より有効なものとなります。ただし、弁護士・司法書士等の専門職は、業務上の守秘義務がありますので、あまりプライバシーに関することは口外しない方がよいと思います。

とにかく、不在者を調査するような場合には、その人に対する利害関係人は多数に上り、お互いに困っている状況があるということが十分に推測できます。

聞き取りによって、調査する内容は以下のとおりです。

① 権利者本人の生死
② 住民票の住所にいない場合には、現在の居所はどこか
③ 親戚や友人はいるか。いる場合は、その人たちの連絡先の電話番号等
④ 確認した電話へ連絡する必要が生じた場合の希望時間帯
⑤ 他に土地に対して権利を有する者がいないか

⑥ 仮に他に権利を有する者等が存在する場合には、その者の住所、氏名、連絡先等

　上記に掲げた各調査項目については、調査する目的によって重視する内容は変わりますが、1〜2週間の間をおいて再度訪問してみると何かしら新しい情報が入っている場合もあります。

　なお、表札には対象者と同一の氏名があるものの、電気メーターが回っていなかったり、新聞が溜まっていたり、郵便物があふれているというような場合には、その場所にはいないということがある程度推測できますが、それらのことを写真に記録して、また、近隣にも話を聞いておくと、将来不在者財産管理人を選任する場合や、公示送達を申し立てる場合に役立つ資料となります。

## 17 固定資産課税台帳（土地課税台帳・家屋課税台帳・償却資産課税台帳など）による確認は

用地等の取得に際し、当該土地・建物の登記記録が見つからないため、所有者の住所・氏名が分かりません。固定資産税の課税台帳や名寄帳により確認したい場合の調査方法などを教えてください。

登記がなされていれば登記記録があり、所有者の住所・氏名は登記記録により分かりますが、登記されていない場合（これを「未登記土地」又は「未登記建物」といいます。）や登記記録が見つからない場合には、所有者の住所・氏名は分かりません。

そういった場合でも、固定資産税の課税台帳には現在の所有者が記載されている場合があるので、固定資産課税台帳等の調査が必要となります。

なお、固定資産課税台帳の調査閲覧、固定資産評価証明書の交付等ができる者は、原則として納税義務者本人か代理人又は相続人などに限られているので、利害関係人として請求ができるかどうかについては管轄する市町村に事前に聞いてみるとよいでしょう。またその際には、利害関係を証する書面について具体的にどのようなものが必要かについても併せて問い合わせておくべきです。例えば、訴訟提起のために必要ということであれば、訴状の写しを添付するように言われる場合もありますので、事前に準備して二度手間にならないようにしましょう。また、郵送により請求する場合には、本人確認のための身分証明書の写しが必要となりますし、手数料の額に相当する小為替と返信用封筒を忘れないようにしてください。

## 解　説

### 1　課税台帳の種類

固定資産課税台帳には次のような台帳がありますので（地税341九〜十四・381①〜⑤）、その調査対象物件により該当台帳の調査が必要となります。

① 土地課税台帳

登記記録に登記されている土地の登記事項、価格などが記載されています。

② 土地補充課税台帳

登記記録に登記されていない土地で固定資産税を課税することができるものの所有者の住所及び氏名又は名称並びにその所在、地番、地目、地積、価格などが記載されています。

③ 家屋課税台帳

登記記録に登記されている家屋の登記事項、価格などが記載されています。

④ 家屋補充課税台帳

登記記録に登記されている家屋以外の家屋で固定資産税を課税することができるものの所有者の住所及び氏名又は名称並びにその所在、家屋番号、種類、構造、床面積、価格などが記載されています。

⑤ 償却資産課税台帳

償却資産の所有者の住所及び氏名又は名称並びにその所在、種類、数量及び価格が記載されています。

なお、不動産についてはその所有者は所有権取得の日から1か月以内に登記を申請しなければ10万円以下の過料に処することとされていますが（不登164・36・47）、実際には過料が科されることはなく、登記申請をしない場合が見受けられます。上記の土地補充課税台帳や家屋補充課税台帳のように登記されていない場合として考えられるのは以下

のとおりです。

① 埋立てなどにより新たに土地が生じたが土地表題登記申請をしていない場合

② 新築建物を建築したが建物表題登記申請をしていない場合

また、次のような建物の登記記録の所在が間違っていたために登記記録が見つからない場合も考えられます。

① 土地の合筆・分筆登記により地番が変更されたが、建物所在の地番が変更されず、現在の建物が建っている土地の地番で探しても見つからない場合

② 土地改良による換地処分や区画整理事業において事業者の誤認により建物登記記録記載の所在地を変更しなかった場合

## 2 名寄帳

名寄帳については土地名寄帳及び家屋名寄帳があり（地税387①）、当該市町村にある固定資産の課税台帳の中から所有者が所有している全ての土地又は建物について証明するものです。この名寄帳については固定資産評価証明書と同様に、本人や相続人以外については、原則として公開していませんので（地方税法施行規則15の5の2③）、証明が取れるかどうかについては、事前に管轄する市町村に確認してください。

## 3 他の省庁との連携等

固定資産課税台帳に記載されている事項のうち、課税庁の調査により知り得た情報は、原則として地方税法22条（秘密漏えいに関する罪）に規定する秘密に該当するため、他の官公署の公用請求であっても所管庁外への提供はされませんが、農地法や森林法等、法令により土地所有者届出義務及び行政機関の情報提供請求権が規定されている場合などは、行政機関への提供ができる場合があります。

さらに、平成30年に成立した所有者不明土地の利用の円滑化等に関

する特別措置法においても地域福利増進事業、収用適格事業又は都市計画事業の実施の準備のため土地所有者等を知る必要があるときも同様とされました（所有者不明土地利用39）。

## 4　農地台帳の調査

　農地法においては、耕作目的での農地等の権利を移動する場合には、その土地の所在する市町村の農業委員会の許可を受けることとされており（農地3）、農業委員会が許可等により把握できない相続等による農地等の権利取得についても、その権利を取得した者は、遅滞なく、その土地の所在する市町村の農業委員会に届出を行うこととされています（農地3の3）。

　そして、農業委員会等は、農地に関する情報について、行政機関内部での内部利用・相互提供や他の機関に対し、情報提供依頼ができると規定しており（農地51の2）、なおかつ、農地台帳の正確な記録を確保するため、毎年1回以上、固定資産課税台帳及び住民基本台帳との照合を行うこととされています（農地規102）。

　したがって、農業委員会等が税務担当部局から提供を受けることができる情報は、基本的には登記記録と同じ情報となりますが、農地台帳への記載が必要な農地の納税義務者の氏名又は名称及び住所（納税通知書送付先）、農地の所在、農地の面積といった事項については情報提供依頼が可能となり、これにより整備された農地台帳及び農地に関する地図の一部は、インターネットによる公表（全国農地ナビ）や農業委員会による窓口公表等によって、確認することができます（農地52の2・52の3）。

## 5　林地台帳の調査

　森林法においても、農地法と同様に新たに森林の所有者になった者は、その土地が所在する市町村長に届出を行うことが義務付けられて

います（森林10の7の2）。

　また、都道府県知事及び市町村長は、森林所有者等に関する情報について、森林計画の作成、新たに森林の土地の所有者となった旨の届出に関する確認、伐採及び伐採後の造林の届出に係る変更命令や遵守命令、施業の勧告など法の施行のため必要があるときは、行政機関内部での情報の利用及び他の行政機関に対する提供の依頼ができるとされています（森林191の2①）。

　さらに、市町村の林務担当部局は、税務担当部局に固定資産課税台帳の情報の提供依頼が可能とされており（森林191の2②）、市町村の地籍担当部局及び林務担当部局においては、山村部での地籍調査の促進や適切な森林管理等に資するため、地籍調査や森林境界明確化関連事業で得られた情報の相互共有を図っており、林務担当部局が、地籍調査の成果のみでなく、地籍調査のために行った所有者情報調査の結果についても入手できることもあります。

　都道府県林務担当部局及び市町村林務担当部局の間で、相互に保有する情報の提供依頼が可能であるほか、登記所が保有する森林所有者等に関する情報については、都道府県又は市町村の林務担当部局から登記所への提供依頼が可能です。

　平成28年5月の森林法改正においては、市町村が森林の土地の所有者や境界等の情報を記載した林地台帳を作成する仕組みが創設されました。林地台帳の情報は、個人の権利利益を害するもの等を除いて市町村の窓口で公表するほか、都道府県等には情報を提供することができることとされています（森林191の4・191の5）。

　この林地台帳の制度は一定の準備期間を経て、平成31年4月から本格的に運用を開始することとされていますので（平28法44改正法附則7）、これにより、森林の所有者調査が可能となります。

## 18 建築確認申請書による確認は

用地等の取得に際し、当該建物の登記記載の建物（既登記建物）の他、現実には廊下でつながっている未登記建物があります。この未登記建物の所有者などを確認するにはどのように調査すればよいのか教えてください。

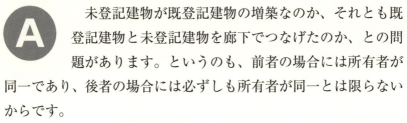
未登記建物が既登記建物の増築なのか、それとも既登記建物と未登記建物を廊下でつなげたのか、との問題があります。というのも、前者の場合には所有者が同一であり、後者の場合には必ずしも所有者が同一とは限らないからです。

この場合には、未登記建物につき建築確認申請書の調査が必要となりますが、建築確認申請書については閲覧はできませんので、本人に提供をお願いするしかありません。なお、建築計画概要書については閲覧制度があり、また一部の役所においては建築計画概要書のコピーをしてくれるところもあります。

建築基準法では、建築主は、建築物又は工作物等の一定規模以上の新築、増築を行うときは、建築基準法の定める規定に適合している旨の建築申請を建築主事又は指定確認検査機関（建基6の2・77の18）に提出し、確認済証の交付を受けなければならないこととなっています（建基6①）。

そこで、上記のような既登記建物及び未登記建物を購入しようとする場合には、その建物所在地の都道府県や建築主事のいる市町村において、建築主が提出した建築計画概要書の閲覧、写しの交付の申請をして内容を確認することになります。また、一部の

役所においてはコピーをしてくれるところもありますが、逆に建築主の氏名を書き写していることが発覚した段階で閲覧を中止している役所もあります。このように、役所によりその態様は様々ですので、閲覧方法について、事前に当該官庁に確認しておくことが必要です。

## 解　説

### 1　建築計画概要書の閲覧、写しの交付手続

建築計画概要書は、建築物に関する確認申請の際に提出された書類で、建築計画の概要（設計者・監理者・施工者の住所・氏名等、敷地の地名地番、建築物の用途・構造規模等、付近見取図、配置図等）が記されていますが、保管されている建築計画概要書を無料で閲覧することができます（建基93の2）。

閲覧、写しの交付の手順は次のとおりです。

① 　閲覧を希望する物件を特定して申出
② 　書類があるかどうかの確認
③ 　書類がある場合は窓口で受領する申込書に氏名等を記入
④ 　受領した書類を閲覧し、閲覧終了後返却

### 2　閲覧に当たっての注意事項

指示された場所で閲覧し、それ以外の場所に移動はできません。また、撮影、録画等はできませんし、貸出しは受けられません。

なお、書類を汚損、き損のおそれがある場合、他人への迷惑行為が認められる場合等は、閲覧を停止されることがあります。

## 3 固定資産課税台帳での調査

　また、未登記建物であっても、固定資産税は課税されますので、当該未登記建物が建ってから1年以上経過している場合には市町村において調査の上（毎年航空写真で建物の状態に変化がないかを確認し、変化があった場合は現地調査をしています。）、固定資産課税台帳に登録されている可能性がありますので、固定資産課税台帳での調査をすることにより所有者が判明する場合もあります。

## 19 農地台帳による確認は

農地を借りて農業をしたいのですが、その農地について所有者等が不明です。所有者等を調べるためにはどのようにすればよいでしょうか。

農地の所有者について調査する場合、地番が分かっていれば法務局で調査をすれば所有者は判明しますが、地番がわからない場合は、インターネットで閲覧できる「全国農地ナビ」（農地情報公開システム）により対象地の所在、地番等を確認し、判明した地番情報を基に、法務局で登記事項証明書を取得することにより、所有者の氏名と住所を把握することができます。

なお、農地の詳細については農地台帳により確認することができますが、農地の賃貸借については農業委員会や農地中間管理機構で相談するとよいでしょう。

解　説

### 1　農地台帳とは

農業委員会がその所掌事務を的確に行うため、農地に関する情報の整理の一環として、磁気ディスクをもって一筆の農地ごとに後記2に掲げる事項を記録し作成したものが「農地台帳」であり、農業委員会は、当該農地台帳の正確な記録を確保するよう努めるものとされています（農地52の2）。

また、農地台帳に記録された事項（公表することにより個人の権利利益を害するものその他の公表することが適当でないものとして農林

水産省令で定めるものを除きます。）をインターネットの利用その他の方法により公表することとされています（農地52の3）。


## 2 農地台帳の記録内容

農地台帳の記録内容は、以下のとおりです（農地52の2）。

① 農地の所有者の氏名又は名称及び住所

② 農地の所在、地番、地目及び面積

③ 農地に地上権、永小作権、質権、使用貸借による権利、賃借権又はその他の使用及び収益を目的とする権利が設定されている場合にあっては、これらの権利の種類及び存続期間並びにこれらの権利を有する者の氏名又は名称及び住所並びに借賃等の額

④ その他農林水産省令で定める以下の事項（農地規101）

　㋐ その農地の耕作者の氏名又は名称及びその者の整理番号

　㋑ その農地に使用貸借による権利、賃借権又はその他の使用及び収益を目的とする権利が設定されている場合にあっては、当該権利が次のいずれに該当するかの別

　　ⓐ 農地法3条1項の許可を受けて設定又は移転されたもの

　　ⓑ 農業経営基盤強化促進法19条の規定による公告があった農用地利用集積計画の定めるところによって設定又は移転されたもの

　　ⓒ 特定農地貸付けに関する農地法等の特例に関する法律3条3項の承認に係る特定農地貸付けによって設定又は移転されたもの

　　ⓓ ⓐからⓒまでに掲げるもの以外のもの

　㋒ その農地に係る遊休農地に関する措置（農地法第4章に定める措置をいいます。）の実施状況

　㋓ その農地の所有者が当該農地について農地法3条1項本文に掲げる権利を設定し、又は移転する意思がある旨の表明があった場合

にあっては、その旨（その旨を農地法52条の3第1項の規定により
公表することについて当該所有者の同意がある場合に限ります。）

㋔　その農地が次に掲げる地域又は区域内にある場合にあっては、
その旨

ⓐ　農業振興地域の整備に関する法律6条1項の規定により指定さ
れた農業振興地域

ⓑ　農業振興地域の整備に関する法律8条2項1号に規定する農用
地区域

ⓒ　都市計画法4条2項に規定する都市計画区域

ⓓ　市街化区域

ⓔ　都市計画法7条1項の規定により定められた市街化調整区域

ⓕ　生産緑地法3条1項の規定により定められた生産緑地地区

㋕　その農地が租税特別措置法70条の4第1項本文又は70条の6第1項
本文の規定の適用を受けているかどうかの別

㋖　その農地について農地中間管理機構が農地中間管理権を有する
場合には、その旨及び当該農地についての賃借権又は使用貸借に
よる権利の設定又は移転の状況

㋗　その他必要な事項

公表することにより個人の権利利益を害するものその他の公表する
ことが適当でないものとしては、市街化区域内にある農地については
全てを非公表とし、それ以外の農地については所有者又は利用権者の
住所並びに借賃等の額等、上記の記録内容中下線が引かれた部分です
（農地規104）。

したがって、住所は農地台帳の調査では分からないこととなってい
ます。

## 3 農地台帳の公表方法

農地台帳の公表方法は、以下のとおりです。

① 公表すべき事項を記載した書面を市町村の事務所に備え置き、公衆の閲覧に供する方法

② 公表すべき事項をインターネットの利用その他の方法により提供する方法（なお、インターネットでは所有者又は利用権者等の氏名又は名称を公表しないこととされています。）

具体的には、「全国農地ナビ（農地情報公開システム）」を使用してインターネットで情報公開していますが、一部の市町村・農業委員会では、本システムによらず独自に情報提供を行っているため、本システムにより全ての農地に関する情報が掲載されているわけではありません。


## 4 調査の手順

一般的な農地の調査手順は、以下のとおりです。

① インターネット上などで閲覧できる「全国農地ナビ（農地情報公開システム）」を用いて、対象地の所在、地番等を確認します。

なお、所有者、耕作者、賃借人等の氏名・名称については、公表項目にはなっていません。

② 管轄する農業委員会の窓口での農地台帳を閲覧します。

①の情報に加えて、所有者、耕作者、賃借人等の氏名・名称についても確認することができますが、住所の書面閲覧はできません。

③ 上記により判明した地番情報を基に、管轄する法務局（登記所）にて登記事項証明書を請求します。これにより、対象地の登記記録上の所有者の氏名と住所を把握できます。

④ 登記記録上に記録された住所に現在も住んでいるかなどを、郵便

Q&A　第2　権利者の調査方法　　95

　調査や現地調査などにより確認します。

　なお、農地を借りたいという場合は、全国農地ナビ等での調査後は、農業委員会や農地中間管理機構へ相談するとよいでしょう。相談の結果、農地中間管理機構が利用権を設定した上で、貸付けを受けられることがあります。


## 5　土地所有者が把握できなかった場合の農地中間管理機構の活用

　農業委員会が利用状況調査を行った結果、遊休農地とされた農地及び耕作の事業に従事する者が不在となり、又は不在となることが確実と認められる農地のうち、過失がなくてその農地の所有者等を確知することができないときは、農地中間管理機構による利用権の設定を受けることができます（農地41）。

　「過失がなくてその農地の所有者等を確知することができないとき」とは、「農地法の運用について」（平21・12・11　21経営4530・21農振1598）において、農地台帳、登記記録及び固定資産課税台帳において所有者等とされる者（死亡している場合にはその相続人（当該所有者等の配偶者又は子に限ります。））の所在について、住民基本台帳との突合、集落・地域代表者等の関係者への聞き取り等で確認したにもかかわらず、所有者等（相続等により共有状態となっている場合には、2分の1を超える持分を有する者）が不明であるときであると示されています。

　具体的な権利取得手続としては、

①　まず、農業委員会が、その農地の所有者等を確知できない旨を公示します（農地41①・32③）。

②　公示の日から6か月以内に所有者等から申出がないときは、農業委員会は農地管理中間機構にその旨を通知します（農地41①・32③三）。

③　農地中間管理機構は、通知から4か月以内に、都道府県知事に対し、当該農地の利用権の設定について裁定を申請します（農地41①）。

④　都道府県知事は、裁定の申請があった場合、その旨を公告するとともに、当該農地の所有者のうち知れているものがいれば通知を行い、意見を求めます（農地41②・38）。

⑤　都道府県知事は、引き続き農業上の利用の増進が図られないことが確実であると見込まれる場合、農地中間管理機構が当該農地について利用権を設定すべき旨の裁定を行い、その旨を公告するとともに、所有者等と農地中間管理機構に通知を行います（農地41③・39）。

⑥　この公告により、農地中間管理機構と所有者等との間に農地中間管理権に関する契約が締結されたとみなされます（農地41④）。

⑦　農地中間管理機構は、裁定において定められた利用権の始期までに、当該裁定において定められた補償金を当該農地の所有者等のために、当該農地の所在地の供託所に供託します（農地41⑤）。

⑧　農地中間管理機構と契約をすることにより、所有者が所在不明の土地について借り入れて利用することができることとなります。

農地中間管理事業の推進に関する法律では、都道府県知事の指定した団体が農地中間管理機構として、その農地中間管理事業を展開することとされており、その事業は、農用地等について、

①　農地中間管理権を取得すること

②　貸付けを行うこと

③　改良、造成等の業務を行う

④　貸付けまでの管理を行う

となっています（農地中間管理事業の推進に関する法律2③）。

農地中間管理権は、その取得の規定がないので自由性があり、所有者との個別協議や農業経営基盤強化促進法の利用権設定等推進事業の

利用などいろいろと考えられますが、最終的には貸付けをしないと事業の執行とならないので、農地中間管理機構は定期的に、農林水産省令により借受けを希望する者を募集しなければならないこととされています（農地中間管理事業の推進に関する法律17、農地中間管理事業の推進に関する法律施行規則11）。

　なお、農地中間管理機構の貸付けは、大規模の農地の貸付けを想定したものと思われますので、小規模のものは各農業委員会にて対応が可能な場合もありますから、まず、借りたい農地を全国農業ナビ等により探し、その農地の所在地の市区町村農業委員会に問合せをして農地の賃借や取得などを進めた方が効率が良いように思われます。

## 20 森林簿、保安林台帳、林地台帳による確認は

　森林簿、保安林台帳、林地台帳というものがあると聞きましたが、これらの帳簿や台帳では、どのようなことが確認できるのでしょうか。

　森林は、森林法、森林法施行令、森林法施行規則という法令により規律されており、「森林簿」は、これらの規律の中で都道府県による地域森林計画において作成される簿冊です。また「保安林台帳」は、森林法39条の2第1項によりその管理などが規律され、都道府県知事が作成する簿冊です。

　「林地台帳」については、平成28年5月の森林法の改正によりできた制度で、市町村が森林の所有者や林地の境界に関する情報などを整備して公表するため作成する台帳です。平成31年4月から本格運用の予定です。

　これらの帳簿の作成主体は下記のとおりですが、それぞれの目的により記載内容や閲覧事項が違いますので、以下分けて説明します。

| 種　　類 | 作成主体 |
| --- | --- |
| 森林簿 | 都道府県 |
| 保安林台帳 | 都道府県 |
| 林地台帳 | 市町村 |

| Q&A | 第2 権利者の調査方法 | 99 |

## 解　説

### 1　森林簿

#### (1)　森林簿とは

　森林簿は、都道府県が地域森林計画の中で付属する資料として一定の事項を記載したものを指しており、法令上に森林簿という用語はありません。

　記載事項は都道府県ごとに差異があり、所有者や境界の形状に係る情報の精度は低く、死者名義の登記がそのまま放置されているという場合もありますが、森林の情報を1つにまとめた情報簿冊は森林簿以外にはなかったので、森林組合その他の関係者には森林情報としての貴重な役割を果たしています。

#### (2)　森林簿の記載事項

　森林簿の記載事項は前述のとおり都道府県によりまちまちですが、一般的な森林簿の記載事項は以下のとおりで、森林経営計画と施業履歴等が記入されます。

① 　森林の所在

② 　所有者

③ 　林況等及び林種

④ 　施業及び林層区分

⑤ 　樹種名

⑥ 　面　積

⑦ 　立木度

⑧ 　蓄　積

⑨ 　林　齢

⑩ 　平均樹高

⑪ 　その他の指定状況等

⑫　施業方法等

(3)　森林簿の公開

森林の所有者又は権原により立木竹の使用又は収益をする者以外は閲覧が認められないことが多いので、事前に都道府県に確認する必要があります。また、閲覧が許された場合であっても、内容は個人情報を含まない情報だけに限られ、その写しは基本的に制限されています。

## 2　保安林台帳

(1)　保安林台帳とは

保安林台帳は都道府県知事が調整し保管しなければならないこととされており、正当な理由がなければ閲覧を拒んではならないこととされています（森林39の2）。

保安林台帳は、保安林（当該保安林が二以上の市町村の区域内にある場合には、それぞれの市町村の区域に属する当該保安林の部分）ごとに調製され、帳簿及び図面をもって組成されています（森林規74）。

(2)　保安林台帳（帳簿と図面）の記載事項

保安林台帳の帳簿には、次の事項が記載されています。

①　保安林に指定された年月日及び当該保安林の指定に係る森林法33条1項（同条6項において準用する場合を含みます。）の規定による告示の番号

②　保安林の所在場所及び面積

③　保安林の指定の目的

④　保安林に係る指定施業要件

⑤　保安林に指定された時における当該保安林の概況

⑥　その他必要な事項

また、保安林台帳の図面は平面図とされ、次の事項が記載されています。

Q & A 第2 権利者の調査方法　　　101

① 保安林の境界線

② 大字名、字名、地番及びその境界線

③ 保安林に係る指定施業要件

④ 調製年月日

⑤ その他必要な事項

　(3)　保安林台帳の公開

　保安林台帳は正当な理由がなければ閲覧を拒んではならないこととされていますので(森林39の2)、内容を全て把握することは可能ですが、保安林台帳には、前記のとおり、所有者の住所、氏名が記載されていませんので、所有者を特定することはできません。

## 3 林地台帳

　(1)　林地台帳とは

　林地台帳は、市町村が地域森林計画の対象となっている民有林について、その所掌事務を的確に行うため、一筆の森林の土地ごとに作成するものとされています (森林191の4)。

　(2)　林地台帳の記載事項

　林地台帳には、次の事項が記載されています (森林191の4①、森林規104の2)。

① その森林の土地の所有者の氏名又は名称及び住所

② その森林の土地の所在、地番、地目及び面積

③ その森林の土地の境界に関する測量の実施状況

④ その森林の土地を含む小流域

⑤ その森林の土地が森林経営計画の対象とする森林に係る土地である場合には、当該森林経営計画について森林法11条5項の認定をした者

⑥ その森林の土地が公益的機能別施業森林又は木材の生産機能の維

持増進を図るための森林施業を推進すべき森林として市町村森林整備計画において定められている森林の土地である場合には、当該公益的機能別施業森林等の区域内における施業の方法

(3) 林地台帳の公開

市町村は、森林の土地に関する情報の活用の促進を図るため、林地台帳に記載された事項を公表するものとされていますが（森林191の5）、前記(2)の①については公表することにより個人の権利利益を害するものその他の公表することが適当でないものとされていますので、所有者の住所、氏名は林地台帳では調査することはできません（森林規104の4）。

## 4 登記記録との突合

以上のように森林簿、保安林台帳、林地台帳の閲覧をしても、所有者の住所、氏名については特定することはできませんので、台帳による地番を特定した上で登記記録と突合し、登記記録に記載されている所有権登記名義人について住民票や戸籍事項証明書により公簿調査をし、郵便や、現地調査で、本人を特定する作業が必要となります。

## 5 所有者不明土地の利用の円滑化等に関する特別措置法との関係

所有者不明土地の利用の円滑化等に関する特別措置法39条により、土地の所有者の効果的な探索のための特別の措置が規定され、

① 都道府県知事及び市町村長は、地域福利増進事業等の実施の準備のため土地所有者等を知る必要があるときは、その探索に必要な限度で、その保有する土地所有者等関連情報（土地所有者等と思料される者の氏名又は名称、住所等の情報をいいます。）を内部で利用することができるものとすること（所有者不明土地利用39①）

② 都道府県知事及び市町村長は、地域福利増進事業等を実施しよう
とする者からその準備のため土地所有者等を知る必要があるとして
土地所有者等関連情報の提供の求めがあったときは、その探索に必
要な限度でこれを提供するものとし（所有者不明土地利用39②）、国及
び地方公共団体以外の者に対し提供しようとするときは、あらかじ
め、本人の同意を得なければならないものとすること（所有者不明土
地利用39③）

③ 国の行政機関の長等は、地域福利増進事業等の実施の準備のため
土地所有者等を知る必要があるときは、その探索に必要な限度で、
当該土地に工作物を設置している者等に対し、土地所有者等関連情
報の提供を求めることができるものとすること（所有者不明土地利用
39⑤）

とされており、今まで地方自治体や官公署等は内部でも土地所有者等
の情報を他に利用することができませんでしたが、この法律により内
部で利用することや外部に照会することができることとなりました。

## 21 抵当権者の所在が不明であることの調査は

 休眠担保権の抹消手続における抵当権者の所在が不明であることの調査はどこまでする必要がありますか。

　休眠担保権の抹消手続については、いくつか要件があります。その中でも抵当権者が行方不明であるという要件については抵当権者が個人の場合と法人の場合によって違いますが、個人の場合には、登記義務者の登記記録上の住所に宛てた配達証明付郵便による被担保権者の受領催告書が宛て先不明等により不到達であったことを確認するだけで足ります。ただし、登記の申請までに登記義務者又はその相続人が存在していることを知ったときには、登記義務者又はその相続人の存在を調査する必要があります。

　法人の場合には「当該法人について登記記録に記載がなく、かつ、閉鎖登記記録が廃棄済みであるため、その存在を確認することができない場合等」を確認することで足ります。なお、（閉鎖）登記簿が存在する場合は当該法人が消滅していたとしても本登記手続は利用することができないので調査義務の問題とはなりません。

> 解　説

### 1　休眠担保権の抹消登記

　休眠担保権等の簡易抹消登記は、昭和63年7月1日に不動産登記法及び商業登記法の一部を改正する法律（昭和63年法律第81号）により施

行されたもので、休眠担保としての要件に該当すると登記権利者が単独で抹消登記申請できるという制度です（不登70③）。

その要件は、

① 登記義務者が行方不明であること

② 被担保債権の弁済期から20年を経過していること

③ 申請書に被担保債権の弁済期から20年を経過した後に、債権、利息及び債務の不履行によって生じた損害の全額を供託したことを証する書面を添付すること

とされており、上記①について行方不明とはどういう場合をいうのか、また、どのような調査が必要なのかについては、登記義務者が個人の場合と法人の場合により違います。

## 2 登記義務者が個人の場合の行方不明の調査

登記義務者が個人の場合に、行方不明をどのように調査するかといえば、登記記録上の住所、氏名に宛てて郵便物を送り、その郵便物が宛所不明により戻ってきた場合は現地に赴き現地及び近隣住民からの聞き取りをした上、住民票や戸籍から転居先や相続人を調査することにより、本当にその本人がいないのか、又は相続人が行方不明なのかということが判明するわけですが、本手続においては担保される被担保債権全額（プラスアルファの額）の供託ということも一つの要件とされており、本人の行方不明は、本人の責任において簡易な抹消手続を甘受すべき義務があるものと解されています。

訴訟における公示送達をするためには、上記のような調査をした上での報告書が必要となりますが、休眠担保権の抹消手続においては、債権者にそこまでの調査義務を課しているとは思われません。したがって、通常は現地調査まではせずに登記義務者の登記記録上住所に被担保債権の受領催告書が不到達であった旨の書面（昭63・7・1民三3456）

で、配達証明付郵便（昭63・7・1民三3499）が不送達であったことの書面を添付することにより、登記義務者の不在を証明することになります。

　ただし、抵当権抹消登記手続の申請までに登記義務者又はその相続人がいることを知った場合には、本手続の要件を満たさないこととなりますので、不到達の書面があるときも登記義務者又はその相続人の調査が必要となります（平26・4・23日司連常発10号回答）。

## 3　登記義務者が法人の場合

### (1)　法人の行方不明とは

　法人の行方不明があり得るのかという問題がありますが、申請人が当該法人の所在地管轄の登記所等における調査により、登記記録及び閉鎖登記簿が存在しない場合には、それ以上調査のしようもありませんので法人の行方不明ということになります（昭63・7・1民三3456第三4）。

　したがって、本手続により申請する場合には申請人が調査して、その結果、登記記録及び閉鎖登記簿が存在しない旨の調査報告書で登記申請をすることができますので、管轄法務局での調査をすれば調査義務は果たしたこととなります。しかし、登記不要の法人の場合には、監督官庁への調査も必要となり、監督官庁からの法人の不在証明が発行されれば行方不明として取り扱ってよいこととされています。

### (2)　調査書

　登記義務者が法人である場合の申請人の調査書は、少なくとも申請人又はその代理人が、当該法人の登記記録上の所在地を管轄する登記所において、当該法人の登記記録若しくは閉鎖登記簿の謄本若しくは抄本の交付又はこれらの登記記録の閲覧を申請したが、該当登記記録又は閉鎖登記簿が存在しないため、その目的を達することができなかった旨を記載したものでなければならないこととされています（昭63・7・1民三3499第一2）。

　登記義務者が法人で登記権利者（申請人）が複数であるときは、当

該法人の所在地を管轄する登記所等において調査した結果を記載した書面（調査書）は1通で足りますが、申請人全員の署名捺印（印鑑証明書付き）が必要となります。

## ○法人の調査書

調 査 書

1 調査年月日　　平成○年○月○日
2 登記義務者である法人の表示
　　本店　○○県○○市○○町○丁目○番○号
　　商号　○○株式会社
3 調査の目的　　上記法人の登記記録（閉鎖登記簿を含む。）の存否
4 調査の結果　　上記法人の登記記録上の所在地を管轄する登記所において当該法人の登記記録の閲覧を申請したが、該当の登記記録及び閉鎖登記簿が存在しないため、その目的を達することができなかった。

　　当職は○○○○の委任により、調査の結果上記のとおりであることを報告します。

平成○年○月○日
　　　事務所　○○県○○市○○町○丁目○番○号
　　　○○司法書士事務所
　　　司法書士　○○○○　㊞
　　　○○○○　殿

私は上記のとおり調査を委任し、調査をさせたことを証明します。
　　平成○年○月○日
　　　　　　住　所　○○県○○市○○町○丁目○番
　　　　　　申請人　○○○○　㊞
　　　　　　　　　　　　　　　（印鑑証明書添付）

(3) 調査のための委任は必要か

担保権登記抹消の委任事項の中に、本件法人登記存在調査が含まれていない場合であっても、本件調査は事実行為の代行であるので、特別の授権は要しないこととされています。

## 4 不動産登記法70条3項後段の規定について

現在、所有者不明と所在不明、相続未登記、相続人調査の困難などの状態にあり、登記制度の見直しが検討されています。登記の義務化や所有権放棄の検討、各種データとの関連付け（住民票、戸籍データ等）等、登記データは法務局だけのものではなく国民の財産を証明する情報でもあるので、国全体でその正確性を担保する制度を確立しなければ今以上に所有者不明問題が拡大してしまいます。そういった現状に鑑みると不動産登記法70条3項後段の規定の運用要件の、登記義務者が行方不明であることの要件は比較的緩やかに解釈してよいのではないかと思います。

110

# 第1　権利部甲区

## Case 1　買収予定地の所有者が死亡しており、相続人が不明の場合

A市が道路拡幅のため買収予定地の所有者を調べたところ、既に死亡していることが判明しました。現在空き地で近隣の住民から聞き取り調査をしましたが、相続人の有無が判明せず買収交渉ができない状態にあります。

### 処 理 の 流 れ

登記記録上の所有者が死亡しているため、買収交渉はその相続人としなければなりません。そのためにはまず、死亡者の除籍謄本等を手掛かりとして相続人の有無、所在を調査します。

次に、相続人の所在が確認できれば、その相続登記を経由して買収交渉に入ります。相続人のいることが判明したもののその所在が確認できない場合は、不在者財産管理制度などの利用を検討します。

さらに、相続人の存在自体が不明である場合は、相続財産管理制度の利用を検討します。

ケース 第1 権利部甲区

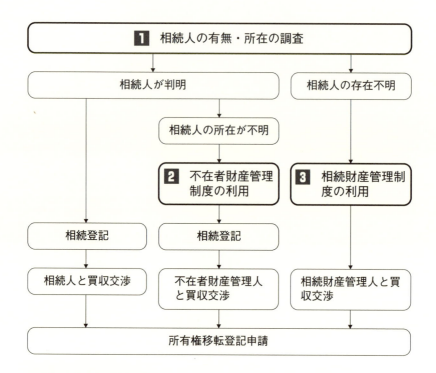

調査・解決の手続

### 1 相続人の有無・所在の調査

　登記記録上の所有者の住所を手掛かりとして住民票の除票の写しを取得します。住民票の除票の写し記載の所有者の本籍地から除籍謄本を取り寄せ、そこから被相続人の出生まで遡って除籍謄本、改製原戸籍等を取り寄せ、相続人の有無を調査します。

　住民票の除票の写しが保存期間経過等で取得できないときもあります。このような場合、住所から本籍地を知ることができず、他の方法により本籍地を探索する必要があります。

　近隣の住民、友人、お寺等に対する聞き取り調査や、最近ではインターネットやＳＮＳを利用した探索もある程度効果があるようです。

　相続人の存在が確認できたら、その相続人の戸籍謄本（戸籍全部事

項証明書）及び戸籍の附票の写しを取り寄せ、現在の所在を調査します。

　ここで住民票の写しと戸籍の附票の写しとの違いについて少し言及すると、住民票は、住所地の地方自治体で作成されるもので住所の移動や世帯主の構成などが記録されます。これに対し戸籍の附票は、本籍地の地方自治体が作成し本籍のある者の住所履歴に関する事項が記録されます。住所を証明する資料としてはどちらも同じですが、戸籍の附票は本籍地を変えない限り、住所移転の履歴が順次記録されていますので、過去の住所移転の経緯を知るには便利です。

　戸籍の附票の写し等で相続人の存在が確認できても、必ずしもそこに居住しているとは限らないので、居住の確認、本人の確認は忘れません。

### 2　不在者財産管理制度の利用

　(1)　不在者財産管理制度

　相続人のいることが判明するも、その所在が確認できない場合、家庭裁判所に不在者財産管理人を選任してもらい（民25①）、不在者財産管理人と買収交渉をしていく方法も考えられます。不在者財産管理制度は、家庭裁判所の監督の下で不在者の財産を管理・保存する制度です。不在者財産管理人が売却処分をするには、家庭裁判所の権限外行為許可を必要とします（民28）。

　(2)　申立手続

　　ア　不在者財産管理人の選任

　不在者の財産管理を開始するための不在者財産管理人選任の申立手続は、下記のとおりです。

| 作 成 書 類 | 家事審判申立書(不在者財産管理人選任)（後掲 書式 参照) |
|---|---|
| 申 立 権 者 | A市 |

| | |
|---|---|
| 管轄裁判所 | 不在者の従来の住所地を管轄とする家庭裁判所（不在者の財産所在地を管轄する家庭裁判所でも申立てを受け付けることができる場合があります。） |
| 添付書類 | 不在者の戸籍謄本（戸籍全部事項証明書）、戸籍の附票の写し<br>不在者財産管理人候補者の住民票の写し<br>不在の事実を証する資料<br>不在者の財産に関する資料<br>申立人の利害関係を証する資料 |

イ　権限外行為許可申立て

不在者財産管理人選任後、買収予定地の売却をするに際し家庭裁判所の許可が必要で、その申立手続は、下記のとおりです。

| | |
|---|---|
| 作成書類 | 家事審判申立書（不在者の財産管理人の権限外行為許可）（後掲 書式 参照） |
| 申立権者 | 不在者財産管理人 |
| 管轄裁判所 | 不在者財産管理人を選任した家庭裁判所 |
| 添付書類 | 売買契約書案<br>不動産登記事項証明書 |

(3)　申立後の手続の流れ

不在者財産管理人が選任された後、不在者財産管理人が申し立てた買収予定地の売却に関する権限外行為許可審判が確定すれば、A市と売買契約が締結できるようになります。ただし、売買登記の前提として、不在者名義への相続登記をする必要があります。これは不在者財産管理人が不在者の財産保存行為として単独で申請できますが（民103）、A市が代位者として嘱託登記をすることも可能です（民423①、不登116）。

| ケース | 第1　権利部甲区 | 115 |

## 書式　家事審判申立書（不在者財産管理人選任）

<table>
<tr>
<td rowspan="2" colspan="2">受付印</td>
<td colspan="2">不在者財産管理人選任申立書</td>
</tr>
<tr>
<td colspan="2">（この欄に収入印紙800円分を貼ってください。）</td>
</tr>
<tr>
<td>収　入　印　紙</td>
<td>円</td>
<td rowspan="2" colspan="2">（貼った印紙に押印しないでください。）</td>
</tr>
<tr>
<td>予納郵便切手</td>
<td>円</td>
</tr>
</table>

| 準口頭 | 関連事件番号　平成　　　年（家　　）第　　　　　　　　　　号 |

| ○○　家庭裁判所<br>御中<br>平成　○　年　○　月　○　日 | 申　立　人<br>（又は法定代理人など）<br>の　記　名　押　印 | A市　市長　○　○　○　○　㊞ |

| 添付書類 | 不在者の戸籍謄本（戸籍全部事項証明書）・戸籍の附票の写し、不在者財産管理人候補者の住民票の写し、財産目録、不動産登記事項証明書、預貯金通帳の写し等、不在者の不在の事実を証する資料、申立人の利害関係を証する資料 |

<table>
<tr>
<td rowspan="5">申<br>立<br>人</td>
<td>本　　籍</td>
<td colspan="2">都　道<br>府　県</td>
</tr>
<tr>
<td>住　　所</td>
<td colspan="2">〒　○○○−○○○○　　　　　　　　　　　電話　○○○（○○○）○○○○<br>○○県○○市○○町○丁目○番○号<br>（　　　　　　　方）</td>
</tr>
<tr>
<td>連絡先</td>
<td colspan="2">〒　　−　　　　　　　　　　　　　　　　電話　（　　　）<br>A市役所内　○○課○○係　担当○○○○<br>（　　　　　　　方）</td>
</tr>
<tr>
<td>フリガナ<br>氏　　名</td>
<td>市長　○　○　○　○</td>
<td>大正<br>昭和<br>平成　　○ 年○ 月○ 日生</td>
</tr>
<tr>
<td></td>
<td></td>
<td></td>
</tr>
<tr>
<td rowspan="3">不<br>在<br>者</td>
<td>本　　籍</td>
<td colspan="2">○○　都　道<br>府　県　　○○市○○町○丁目○番地</td>
</tr>
<tr>
<td>従来の<br>住　所</td>
<td colspan="2">〒　○○○−○○○○　　　　　　　　　　電話　○○○（○○○）○○○○<br>○○県○○市○○町○丁目○番○号<br>（　　　　　　　方）</td>
</tr>
<tr>
<td>フリガナ<br>氏　　名</td>
<td>○　○　○　○</td>
<td>大正<br>昭和<br>平成　　○ 年○ 月○ 日生</td>
</tr>
</table>

不在者財産管理人（1/　）

| ケース | 第1　権利部甲区 |
|---|---|

## 申　立　て　の　趣　旨

不在者の財産の管理人を選任する審判を求める。

## 申　立　て　の　理　由

※　不在者は、平成〇年〇月〇日　（当時〇歳）から行方不明であるが、
　① 本人が財産管理人を置いていないため。
　2 本人が置いた財産管理人の権限が消滅したため。

申立人が、利害関係を有する事情
※
　1 不在者の親族　　2 債 権 者　　③ 国・県
　4 そ　の　他

申立ての動機
※
　1 財 産 管 理　　② 売　　　却　　3 遺 産 分 割 (被相続人　　　　　　　　　)
　4 そ　の　他

具体的実情

　申立人は、不在者が相続で取得した土地の一部につき道路拡幅のため買収を予定しています

が、不在者は財産管理人を置いていないため売買契約が締結できず公共事業が頓挫していま

す。よって、申立ての趣旨のとおりの審判を求めます。

不在者が行方不明になった理由（具体的に）・性格・不在者について知っていることについて書いてください。

　申立人が用地買収交渉のため登記記録上の所有者の住居を訪ねたところ、当人は数年前に死亡

していることが判明しました。近隣の住民から聞き取りをし、相続人がいたことは分かりまし

たが、被相続人の死後どこかへ転居し、戸籍等を調査してもその行方が判明しませんでした。

| 財産管理人候補者 | 本　　籍 | 〇〇 都道府 ⑭ 〇〇市〇〇町〇丁目〇番地 |  |
|---|---|---|---|
|  | 住　　所 | 〒 〇〇〇－〇〇〇〇　　　　　　　　　　　電話 〇〇〇(〇〇〇)〇〇〇〇<br>〇〇県〇〇市〇〇町〇丁目〇番〇号　　　　　　　(　　　　　　方) |  |
|  | フリガナ<br>氏　　名 | 〇　〇　〇　〇 | 大正<br>⑭昭和 〇 年 〇 月 〇 日生<br>平成 |
|  | 職　　業 | 会社員 |  |
|  | 不 在 者<br>との関係 | ※<br>1 利害関係人(　　　　) ② その他(不在者の叔父(亡〇〇〇〇の弟)) |  |

※あてはまる番号を〇でかこむ。

| ケース | 第 1　権利部甲区 | 117 |

## 書式 家事審判申立書（不在者の財産管理人の権限外行為許可）

| 受付印 | 家 事 審 判 申 立 書　　事件名（不在者の財産管理人の）権限外行為許可 |
|---|---|

（この欄に申立手数料として1件について800円分の収入印紙を貼ってください。）

| 収 入 印 紙 | 円 |
|---|---|
| 予納郵便切手 | 円 |
| 予納収入印紙 | 円 |

（貼った印紙に押印しないでください。）

| 準口頭 | | 関連事件番号　平成　　　年（家　　）第　　　　　　　　　　　号 |
|---|---|---|

| | ○○ 家 庭 裁 判 所<br>御 中<br>平成 ○ 年 ○ 月 ○ 日 | 申 立 人<br>（又は法定代理人など）<br>の 記 名 押 印 | ○ ○ ○ ○<br>（不在者財産管理人） | ㊞ |

| 添 付 書 類 | （審理のために必要な場合は、追加書類の提出をお願いすることがあります。）<br>売買契約書案、不動産登記事項証明書 |
|---|---|

|  | 本　　　籍<br>（国　籍） | （戸籍の添付が必要とされていない申立ての場合は、記入する必要はありません。）<br>○○　都道府県　○○市○○町○丁目○番地 | | |
|---|---|---|---|---|
| 申 | 住　　　所 | 〒 ○○○ － ○○○○　　　　　　　　電話 ○○○（○○○）○○○○<br>○○県○○市○○町○丁目○番○号<br>（　　　　　　　方） | | |
| 立 | 連 絡 先 | 〒　　　－<br>電話 （　　　）<br>（　　　　　　　方） | | |
| 人 | フリガナ<br>氏　　　名 | ○ ○ ○ ○ | 大正<br>昭和<br>平成 | ○ 年 ○ 月 ○ 日生<br>（　　　　　○歳） |
|  | 職　　　業 | 会社員 | | |
| ※<br>不<br>在<br>者 | 本　　　籍<br>（国　籍） | （戸籍の添付が必要とされていない申立ての場合は、記入する必要はありません。）<br>○○　都道府県　○○市○○町○丁目○番地 | | |
|  | 従 来 の<br>住　　　所 | 〒 ○○○ － ○○○○　　　　　　　　電話 ○○○（○○○○）○○○○<br>○○県○○市○○町○丁目○番○号<br>（　　　　　　　方） | | |
|  | 連 絡 先 | 〒　　　－<br>電話 （　　　）<br>（　　　　　　　方） | | |
|  | フリガナ<br>氏　　　名 | ○ ○ ○ ○ | 大正<br>昭和<br>平成 | ○ 年 ○ 月 ○ 日生<br>（　　　　　○歳） |
|  | 職　　　業 | 不明 | | |

（注）　太枠の中だけ記入してください。<br>
※の部分は、申立人、法定代理人、成年被後見人となるべき者、不在者、共同相続人、被相続人等の区別を記入してください。

別表第一（1/　）

118　　　ケース　第1　権利部甲区

| 申　立　て　の　趣　旨 |
| --- |
| 　申立人が、不在者〇〇〇〇の財産管理人として、別紙財産目録記載の不動産をA市に<br>道路拡幅用地として別紙売買契約書のとおり売却することを許可する旨の審判を求<br>めます。 |

| 申　立　て　の　理　由 |
| --- |
| 1　　申立人は、不在者〇〇〇〇の財産管理人です。<br><br>2　　A市から、不在者が所有する土地の一部を道路拡幅のため買収したいとの申入れ<br>　　があり、公共事業でもあり買収価格も適正と思われるので応じたいと考えています。<br><br>3　　よって、申立ての趣旨のとおりの審判を求めます。 |

別表第一（　/　）

〔別紙　省略〕

## 3 相続財産管理制度の利用

### (1) 相続財産管理制度

相続人のあることが明らかでない場合、家庭裁判所に相続財産管理人を選任してもらい（民952①）、相続財産管理人と買収交渉をしていく方法も考えられます。

相続財産管理制度は、家庭裁判所の監督の下で被相続人の財産を管理・清算する制度です。相続財産管理人が売却処分をするには家庭裁判所の権限外行為許可を必要とします（民953・28）。

### (2) 申立手続

#### ア 相続財産管理人の選任

被相続人の財産管理を開始するための相続財産管理人選任の申立手続は、下記のとおりです。

| 作 成 書 類 | 家事審判申立書（相続財産管理人選任）（後掲 書式 参照） |
|---|---|
| 申 立 権 者 | A市 |
| 管轄裁判所 | 被相続人の最後の住所地を管轄とする家庭裁判所 |
| 添 付 書 類 | 被相続人の除籍謄本等（出生から死亡まで）<br>被相続人の住民票除票の写し<br>被相続人の父母の除籍謄本等（出生から死亡まで）<br>被相続人の財産を証する資料<br>申立人の利害関係を証する資料 |

#### イ 権限外行為許可申立て

相続財産管理人選任後、買収予定地の売却をするに際し家庭裁判所の許可が必要で、その申立手続は、下記のとおりです。

| 作成書類 | 家事審判申立書（相続財産管理人の権限外行為許可） |
|---|---|
| 申立権者 | 相続財産管理人 |
| 管轄裁判所 | 相続財産管理人を選任した家庭裁判所 |
| 添付書類 | 売買契約書案<br>不動産登記事項証明書 |

　家事審判申立書は、不在者の財産管理人の権限外行為許可とほぼ同様なので、書式はそちらを参照してください。

（3）　申立後の手続の流れ

　相続財産管理人が選任された後、相続財産管理人が申し立てた買収予定地の売却に関する権限外行為許可審判が確定すれば、A市と売買契約が締結できるようになります。ただし、売買登記の前提として、相続財産法人への所有権登記名義人氏名変更の登記をする必要があります。これは相続財産管理人が被相続人の財産保存行為として単独で申請できますが（民103）、A市が代位者として嘱託登記をすることも可能です（民423①、不登116）。

| ケース | 第1 権利部甲区 | 121 |

## 書式 家事審判申立書（相続財産管理人選任）

| 受付印 | 相続財産管理人選任申立書（相続人不存在の場合） |
|---|---|

（この欄に収入印紙800円分を貼ってください。）

| 収 入 印 紙 　　　　円 | |
|---|---|
| 予納郵便切手 　　　　円 | |

（貼った印紙に押印しないでください。）

| 準口頭 | 関連事件番号 平成　　　年（家　　）第　　　　　　　　　　　　　号 |
|---|---|

| ○○ 家庭裁判所　　御中　平成 ○ 年 ○ 月 ○ 日 | 申 立 人<br>（又は法定代理人など）<br>の 記 名 押 印 | **A市　市長 ○ ○ ○ ○** ㊞ |
|---|---|---|

| 添 付 書 類 | 被相続人の除籍謄本等（出生から死亡まで）、被相続人の住民票除票の写し、被相続人の父母の除籍謄本等（出生から死亡まで）、財産目録、不動産登記事項証明書、預貯金通帳の写し等、申立人の利害関係を証する資料 |
|---|---|

| 申 立 人 | 本 籍 | 都道府県 | | |
|---|---|---|---|---|
| | 住 所 | 〒 ○○○ － ○○○○<br>○○県○○市○○町○丁目○番○号 | 電話 ○○○（○○○）○○○○<br>（　　　　　方） | |
| | 連 絡 先 | 〒　　　－　　　<br>A市役所内　○○課○○係　担当○○○○ | 電話 （　　　）<br>（　　　　　方） | |
| | フリガナ<br>氏 名 | **市長 ○ ○ ○ ○** | 大正・昭和・平成 ○ 年 ○ 月 ○ 日生 | |
| 被 相 続 人 | 本 籍 | ○○ 都道府県 ○○市○○町○丁目○番地 | | |
| | 最 後 の<br>住 所 | 〒 ○○○ － ○○○○<br>○○県○○市○○町○丁目○番○号 | （　　　　　方） | |
| | フリガナ<br>氏 名 | ○ ○ ○ ○ | 大正・昭和・平成 ○ 年 ○ 月 ○ 日生 | |
| | 死亡当時の職業 | 不明 | | |

相続財産管理人（1/　）

122　　ケース　第1　権利部甲区

| 申　立　て　の　趣　旨 |
| --- |
| 被相続人の相続財産の管理人を選任する審判を求める。 |

## 申　立　て　の　理　由

※　被相続人は、平成〇年〇月〇日に死亡したが、
①　相続人があることが明らかでないため。
2　相続人全員が相続の放棄をしたため。

申立人が利害関係を有する事情
※
1　相　続　債　権　者　　　2　特　定　受　遺　者
3　相続財産の分与を請求する者　　④　そ　　　の　　　他

| （その具体的実情） | 相　続　財　産 |
| --- | --- |
| 　申立人は、道路拡幅のため被相続人名義の土地の買収を計画し | ※ |
| ていますが、相続人のあることが明らかでなく、用地買収が頓挫 | ①　土　　　　　　　地 |
| しています。このまま放置すると公共事業の遂行が阻害され周辺 | 2　建　　　　　　　物 |
| 住民にとっても生活環境に甚大な影響を及ぼします。このような | 3　現　　　　　　　金<br>4　預　・　貯　金 |
| 状況なので申立ての趣旨のとおりの審判を求めます。 | 5　有　価　証　券 |
| | 6　貸　金　等　の　債　権 |
| | 7　借　地　権　・　借　家　権 |
| | 8　そ　　　の　　　他 |
| | 内訳は別紙遺産目録のとおり |
| | 遺言　※<br>　　　1有　2無　③不明 |

| （備　考） |
| --- |
| |
| |
| |
| |

※あてはまる番号を〇でかこむ。
相続財産管理人（2/　）

ケース 第1 権利部甲区 123

# Case 2 所有権登記名義人が行方不明で、所有権移転登記ができない場合

AがBから土地を購入しましたが、登記名義人であるBが売渡し後に行方不明となり、所有権移転の登記申請ができない状態にあります。

## 処理の流れ

所有者Bが土地を売却し、実体的に所有権はAに移転しているものの、登記手続をしないままBが行方不明となったため、登記記録上の所有者はBのままになっている状態です。

購入の際に登記の必要書類を受領していれば、そのまま使用することができますが、印鑑証明書については3か月の有効期限がありますので、その期間を経過している場合には、以下の手続により本人や相続人の協力が必要となります。

Aの登記名義にするためには、まずBの生死・所在を調査します。Bの生存・所在が確認できれば、ABが共同して所有権移転登記申請をします。Bの死亡が判明すればBの相続人がBの登記義務を承継し、Aと共同して所有権移転登記申請をします。生死・所在が判明しない場合、不在者財産管理制度などの利用を検討します。

さらに、戸籍上Bの死亡の記載がない場合には、Bの生死が不明になってから7年以上経過していれば失踪宣告制度の利用も考えられます（民30）。

その他の方法として、行方不明のBを相手取り所有権移転登記手続を求める裁判を提起し、その勝訴判決を添えてAが単独で所有権移転登記申請をするという方法があります。

ケース　第1　権利部甲区

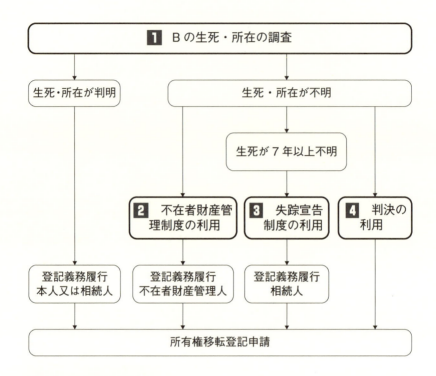

### 調査・解決の手続

#### 1　Bの生死・所在の調査

　登記記録上の所有者の住所を手掛かりとして住民票の写し等を調査し、更に関係者、近隣住民等から聞き取り調査をし、行方不明者の所在を調査します。行方不明者が死亡していることが判明したら、行方不明者の出生まで遡って除籍謄本、改製原戸籍謄本等を取り寄せ、相続人の有無を調査します。

　相続人の存在が確認できたら、その相続人の戸籍謄本（戸籍全部事項証明書）及び戸籍の附票の写しを取り寄せ、現在の所在を調査します。

　書類上で相続人の存在が確認できたとしても、必ずしもそこに居住しているとは限らないので、居住の確認、相続人であることの確認は

忘れません。確認が取れたら、相続人に不在者の所有権移転登記義務
の履行を求めることになります。

## ② 不在者財産管理制度の利用

### (1) 不在者財産管理制度

行方不明者の生死・所在が確認できない場合、家庭裁判所に不在者
財産管理人を選任してもらい（民25①）、不在者財産管理人に不在者の
所有権移転登記義務を履行してもらう方法も考えられます。

### (2) 申立手続

不在者の財産管理を開始するための不在者財産管理人選任の申立手
続は、下記のとおりです。

| | |
|---|---|
| 作 成 書 類 | 家事審判申立書(不在者財産管理人選任)（後掲 書式 参照) |
| 申 立 権 者 | A |
| 管轄裁判所 | 不在者の従来の住所地を管轄とする家庭裁判所（不在者の財産所在地を管轄する家庭裁判所でも申立てを受け付けることができる場合があります。) |
| 添 付 書 類 | 不在者の戸籍謄本 (戸籍全部事項証明書)、戸籍の附票の写し<br>不在者財産管理人候補者の住民票の写し<br>不在の事実を証する資料<br>不在者の財産に関する資料<br>申立人の利害関係を証する資料 |

なお、本ケースは売買登記未履行の場合なので、家庭裁判所の権限
外行為許可は不要と思われます（昭32・8・26民事甲1610)。

### (3) 申立後の手続の流れ

不在者財産管理人が選任された後、不在者財産管理人とAが共同で
所有権移転登記を申請することとなります。

126　｜ケース｜　第1　権利部甲区

## ｜書式｜ 家事審判申立書（不在者財産管理人選任）

<table>
<tr>
<td rowspan="2">受付印</td>
<td colspan="2">不在者財産管理人選任申立書</td>
</tr>
<tr>
<td colspan="2">（この欄に収入印紙800円分を貼ってください。）</td>
</tr>
<tr>
<td>収 入 印 紙　　　　円</td>
<td colspan="2" rowspan="2">（貼った印紙に押印しないでください。）</td>
</tr>
<tr>
<td>予納郵便切手　　　　円</td>
</tr>
</table>

| 準口頭 | | 関連事件番号　平成　　　年（家　　）第 | 号 |

<table>
<tr>
<td>　　　　○○家庭裁判所<br>　　　　　　　　　御 中<br>平成　○年　○月　○日</td>
<td>申　立　人<br>（又は法定代理人など）<br>の　記 名 押 印</td>
<td>A　　　　　㊞</td>
</tr>
</table>

| 添 付 書 類 | 不在者の戸籍謄本（戸籍全部事項証明書）・戸籍の附票の写し、不在者財産管理人候補者の住民票の写し、財産目録、不動産登記事項証明書、預貯金通帳の写し等、不在者の不在の事実を証する資料、申立人の利害関係を証する資料 |

<table>
<tr>
<td rowspan="4">申<br>立<br>人</td>
<td>本　　籍</td>
<td colspan="2">　　　都 道<br>　　　府 県</td>
</tr>
<tr>
<td>住　　所</td>
<td>〒 ○○○－○○○○<br>○○県○○市○○町○丁目○番○号</td>
<td>電話　○○○（○○○）○○○○<br>（　　　　　　　方）</td>
</tr>
<tr>
<td>連 絡 先</td>
<td>〒　　　－</td>
<td>電話　　（　　　　）<br>（　　　　　　　方）</td>
</tr>
<tr>
<td>フ リ ガ ナ<br>氏　　名</td>
<td>A</td>
<td>大正<br>昭和　○年○月○日生<br>平成</td>
</tr>
<tr>
<td rowspan="3">不<br>在<br>者</td>
<td>本　　籍</td>
<td>○○　都 道<br>　　　府 県　○○市○○町○丁目○番地</td>
<td></td>
</tr>
<tr>
<td>従 来 の<br>住　　所</td>
<td>〒 ○○○－○○○○<br>　　　　○○県○○市○○町○丁目○番○号</td>
<td>電話　○○○（○○○）○○○○<br>（　　　　　　　方）</td>
</tr>
<tr>
<td>フ リ ガ ナ<br>氏　　名</td>
<td>B</td>
<td>大正<br>昭和　○年○月○日生<br>平成</td>
</tr>
</table>

不在者財産管理人（1/　）

| ケース | 第1 権利部甲区 | 127 |

---

| 申　立　て　の　趣　旨 |
| :-- |
| 不在者の財産の管理人を選任する審判を求める。 |

---

### 申　立　て　の　理　由

※　不在者は、平成○年○月○日　（当時○○歳）から行方不明であるが、
　① 本人が財産管理人を置いていないため。
　2　本人が置いた財産管理人の権限が消滅したため。

申立人が、利害関係を有する事情
※
　1　不在者の親族　　② 債　権　者　　3　国・県
　4　そ　の　他

申立ての動機
※
　1　財　産　管　理　　② 売　　　却　　3　遺　産　分　割（被相続人　　　　　　　　）
　4　そ　の　他

具体的実情

1　申立人は、平成○年○月○日売買により別紙目録記載の不動産をBから買い受けました

　　が、いまだその登記を受けていません。

2　今般、その登記を申請しようとしたところ、受領している印鑑証明書は3か月の有効期

　　限を徒過していました。そこで印鑑証明書をBからもらい受けるためBの住所を訪ねたと

　　ころ、平成○年○月○日頃から不在にしており、残された家族にも連絡がないようです。

3　このままでは上記不動産の所有権移転登記申請ができないので申立ての趣旨のとおりの

　　審判を求めます。

不在者が行方不明になった理由（具体的に）・性格・不在者について知っていることについて書いてください。

---

| 財産管理人候補者 | 本　籍 | ○○ 都道府県 ○○市○○町○丁目○番地 | |
| :-- | :-- | :-- | :-- |
| | 住　所 | 〒 ○○○－○○○○<br>　　○○県○○市○○町○丁目○番○号 | 電話 ○○○（○○○）○○○○<br>（　　　　　　方） |
| | フリガナ<br>氏　名 | ○　○　○　○ | 大正・昭和・平成 ○ 年 ○ 月 ○ 日生 |
| | 職　業 | 会社員 | |
| | 不在者<br>との関係 | ※<br>1　利害関係人（　　　　　　　　）　② その他（不在者の叔父　　　　　　） | |

※あてはまる番号を○でかこむ。

不在者財産管理人（2/　）

〔別紙　省略〕

## 3 失踪宣告制度の利用

### (1) 失踪宣告制度

失踪宣告制度は、不在者を死亡したものとみなし、その者の法律関係を確定させる制度（民30）で、その効果の一つとして不在者の相続が開始します（民31・882）。相続人は不在者（被相続人）の権利義務関係一切を承継するので、相続人に不在者の所有権移転登記義務の履行を求めることになります。

### (2) 申立手続

失踪宣告の家事審判申立手続は、下記のとおりです。

| 作 成 書 類 | 家事審判申立書（失踪宣告）（後掲 書式 参照） |
|---|---|
| 申 立 権 者 | Ｂの推定相続人若しくは利害関係人であるＡ |
| 管 轄 裁 判 所 | 不在者の従来の住所地を管轄とする家庭裁判所 |
| 添 付 書 類 | 不在者の戸籍謄本（戸籍全部事項証明書）、戸籍の附票の写し<br>不在者の失踪を証する資料<br>申立人の利害関係を証する資料 |

### (3) 申立後の手続の流れ

家庭裁判所の調査官による調査が行われ、一定期間公示催告がなされます。申出期間の満了後、家庭裁判所は失踪宣告をします。申立人は審判書と確定証明書を本籍地の市区町村に提出し失踪の届出をすると戸籍に死亡が記載されることになります。

失踪宣告によりＢの死亡の効果が発生した場合には、上記によりＢの死亡の記載のある戸籍謄本等を相続を証する情報として添付し、ＡとＢの相続人全員との共同申請により、所有権移転登記を申請します。

　　　　　ケース　第1　権利部甲区　　　　　　129

　なお、所有権は既に実体的にAのものとなっていますので、Bの相
続人が所有権を相続する余地はなく、相続を原因とする所有権移転登
記はする必要はありません。

　登記申請に必要なBの登記済証又は登記識別情報については、亡く
なったBのものが必要ですので、もし紛失等している場合には司法書
士の本人確認情報か、登記所の事前通知に対する相続人全員の回答が
必要となります。なお、印鑑証明書については相続人全員の発行後3
か月以内のものが必要となります。

130　　　ケース　第1　権利部甲区

## 書式　家事審判申立書（失踪宣告）

| 受付印 | 家事審判申立書　事件名（　失踪宣告　　　　） |
|---|---|
| | （この欄に申立手数料として1件について800円分の収入印紙を貼ってください。） |
| 収入印紙　　　円<br>予納郵便切手　　　円<br>予納収入印紙　　　円 | （貼った印紙に押印しないでください。） |

| 準口頭 | 関連事件番号　平成　　　年（家　　）第　　　　　　　　　　　号 |
|---|---|

| ○○家庭裁判所<br>御中<br>平成　○　年　○　月　○　日 | 申　立　人<br>（又は法定代理人など）<br>の記名押印 | Bの妻　　　㊞ |
|---|---|---|

| 添付書類 | 不在者の戸籍謄本（戸籍全部事項証明書）、戸籍の附票の写し、不在者の失踪を証する資料、申立人の利害関係を証する資料 |
|---|---|

| 申<br><br>立<br><br>人 | 本　籍<br>（国　籍） | ○○　都道<br>府県　○○市○○町○丁目○番地 |
|---|---|---|
| | 住　所 | 〒○○○－○○○○　　　　　　　　　電話　○○○(○○○)○○○○<br>○○県　○○市○○町○丁目○番○号<br>（　　　　　　　　方） |
| | 連絡先 | 〒　－　　　　　　　　　　　　　電話　（　　　　）<br>（注：住所で確実に連絡できるときは記入しないでください。）　（　　　　　方） |
| | フリガナ<br>氏　名 | Bの妻　　　　　大正昭和平成　○年○月○日生<br>（　　　　　　○○歳） |
| | 職　業 | 会社員 |
| ※<br>不<br><br>在<br><br>者 | 本　籍<br>（国　籍） | 都道<br>府県　申立人の本籍と同じ |
| | 最後の<br>住　所 | 〒　－　　　　　　　　　　　　　電話　（　　　　）<br>申立人の住所と同じ　　　　　　（　　　　　方） |
| | 連絡先 | 〒　－　　　　　　　　　　　　　電話　（　　　　）<br>（　　　　　方） |
| | フリガナ<br>氏　名 | B　　　　　大正昭和平成　○年○月○日生<br>（　　　　　　○○歳） |
| | 職　業 | |

（注）　太枠の中だけ記入してください。
※の部分は、申立人、法定代理人、成年後見人となるべき者、不在者、共同相続人、被相続人等の区別を記入してください。

別表第一（1/　）

| ケース | 第1 権利部甲区 | 131 |

| 申　立　て　の　趣　旨 |
|---|
| 不在者に対し失踪宣告をするとの審判を求めます。 |

| 申　立　て　の　理　由 |
|---|
| 1　申立人は、不在者の妻です。 |
| 2　不在者は、平成〇年〇月〇日、いつもどおり朝8時に自宅を出て勤め先の会社 に向かいました。 |
| 3　同日昼ごろ、会社からBが出勤していないが具合が悪いのかとの問合せがあり、 初めて失踪したことを知りました。 |
| 4　交通事故にでも遭ったかと警察にも問い合わせましたが、該当するような件は ありませんでした。改めて警察に捜索願を出し、親戚知人等に尋ねて不在者の行 方を探しましたが、今日に至るまで所在が判明しません。 |
| 5　失踪した日から10年も経過し、不在者の生死が不明であり、また申立人の下に 帰来する見込みもないので、申立ての趣旨のとおりの審判を求めます。 |

別表第一（　／　）

## 4 判決の利用

### (1) 訴訟の提起

Bを相手取って訴訟を提起します。Bが行方不明だと訴状が送達できませんので、公示送達の申立てもします。

公示送達を利用した場合、欠席裁判での自白の擬制がないので事実関係を全て立証する必要があります。また、求める判決も所有権移転登記手続を命ずる給付判決でなければなりません。

### (2) 訴訟手続

所有権移転登記手続を求める訴訟手続は、下記のとおりです。

| 作 成 書 類 | 訴状（所有権移転登記手続請求）（後掲 書式 参照） |
|---|---|
| 原　　　告 | A |
| 管轄裁判所 | ① 被告住所地を管轄とする地方裁判所（訴額により簡易裁判所）<br>② 不動産所在地を管轄とする地方裁判所（訴額により簡易裁判所）<br>③ 当事者の合意した裁判所 |
| 添 付 書 類 | 訴状副本<br>書証等の証拠の写し<br>固定資産評価証明書 |

### (3) 公示送達の申立手続

訴状の公示送達を求める申立手続は、下記のとおりです。

| 作 成 書 類 | 公示送達申立書（後掲 書式 参照） |
|---|---|
| 申 立 権 者 | A |
| 管轄裁判所 | 訴えを提起した裁判所 |

| 添付書類 | 住民票写し<br>報告書 |
| --- | --- |

## （4） 所有権移転登記の単独申請

　所有権移転登記手続を命ずる給付判決が出たら、判決書正本だけで
なく確定証明書も取得する必要があります。判決による登記申請はA
が単独で申請（不登63）でき、通常の共同申請で必要とされるBの登記
識別情報、印鑑証明書、委任状は不要です。

### 書式 訴状（所有権移転登記手続請求）

訴　　状

平成○年○月○日

○○地方裁判所　　御中

原　　告　　　A　　　㊞

　　　　〒○○○─○○○○　　○○県○○市○○町○丁目○番○号
原　　告　　　A
　　　　　　　　TEL　○○○─○○○─○○○○
　　　　　　　　FAX　○○○─○○○─○○○○
　　　　〒○○○─○○○○　　○○県○○市○○町○丁目○番○号
被　　告　　　B

土地所有権移転登記手続請求事件

　　訴訟物の価額　　　金○○○○円
　　貼用印紙額　　　　金○○○○円

請求の趣旨

1　被告は、原告に対し、別紙物件目録記載の土地について、平成○年○

月○日付売買を原因とする所有権移転登記手続をせよ。

2　訴訟費用は被告の負担とする。

との判決を求める。

### 請求の原因

1　原告は平成○年○月○日被告から、被告所有の別紙物件目録記載の
土地を代金○○○○万円、売買登記は上記代金支払完了と同時にこれ
を履行するとの約定で買い受けた。

2　そこで原告は平成○年○月○日までに代金全額を支払ったが、被告
は上記約旨に反して原告に対し所有権移転登記手続をなさない。

3　よって、原告は被告に対し、上記土地について、売買を原因とする所
有権移転登記手続をすることを求める。

### 証拠方法

1　甲1号証（土地売買契約書）

2　甲2号証（土地登記事項証明書）

3　甲3号証（売買代金領収書）

### 附属書類

1　訴状副本　　　　　　　1通

2　甲号証写し　　　　　各2通

3　固定資産評価証明書　　1通

〔別紙　省略〕

## 書式 公示送達申立書

公示送達申立書

原　　告　　　A

被　　告　　　B

　上記当事者間の貴庁平成○年（ワ）第○号　土地所有権移転登記手続
請求事件について、被告の住所、居所その他送達をなすべき場所が知れ

ないので、通常の手続で訴状等の送達ができないから公示送達によることを許可されたく申立てをします。

平成○年○月○日

上記原告　　Ａ　　㊞

　○○地方裁判所民事第○部　　御中

添付書類

1　住民票写し
2　報告書

136　　ケース　第1　権利部甲区

# Case 3　対象不動産の所有者が戦前に死亡し、相続登記に必要な古い戸籍が取得できない場合

　所有権登記名義人Aは戦前に死亡し、その相続登記を今般申請したいのですが、相続登記に必要な古い戸籍が滅失しており取得することができません。

## 処理の流れ

　登記簿のAの住所、氏名からAの本籍地、住所証明情報の調査、戸籍の取寄せを行います。

　Aの死亡年月日及び住所により、相続の準拠法を確認し法定相続人の範囲及び法定相続分を調査することになります。

　本ケースは戦前に死亡しているようですので、相当古い戸籍を調査しなければならないということがあり、また、戸籍も廃棄処分されている可能性が高いので、その点については後述します。

　公的証明で確認できない部分についてはその他のできる限りの調査をし、調査の結果判明した相続人に対し、相続による所有権移転登記を申請します。

　その際に死亡年月日が分からない場合がありますが、その場合には年月日不詳家督相続ということになります（登記研究583号216頁）。

ケース 第1 権利部甲区 137

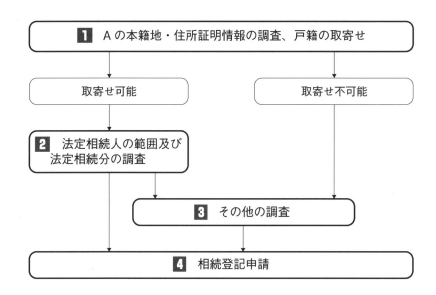

調査・解決の手続

1 Aの本籍地・住所証明情報の調査、戸籍の取寄せ
(1) 古い戸籍調査の前提知識
　現代の相続を調査する場合には、一般的に相続人の本籍の記載付き住民票を取得し、そこから戸籍謄本等を被相続人の出生まで遡って取得することになりますが、昔の戸籍を調べるに当たっては、本籍と住所の関係を知らなければなりません。というのは、登記簿上の住所は本籍を表していた時代があるからです。
　日本で最初にできた「明治5年式戸籍」(壬申戸籍ともいわれます。)では、現実に生活する戸主と、その家族(世帯)を構成員として、町村内の屋敷を単位に番号を定め、この屋敷番号を戸籍に表示し、屋敷番号順に編製されました。
　したがって、当時は住民基本台帳法もなかった時代で、この屋敷番

号は、今日の住居表示における住居番号と同じであるので、身分登録と共に住所登録という性格もあり、現在の住民票の役割をも果たしていました。戸籍様式並びに転出入が不統一であり、データ数値の不備や差別的記載もあるため、昭和43年以降は厳重に封印され証明は受けられません。

　明治19年式戸籍では除籍制度が設けられ、本籍が住所となるという点は明治5年式戸籍と同じですが、屋敷番号制度ではなく地番制度が採用され、全員の生年月日を記載することとされました。

　明治31年式戸籍は明治31年民法（旧民法）による「家制度」により、人の身分関係に関しても詳細な規定が設けられ、本籍地の記載には地番が徹底されるようになりました。

　大正4年式戸籍で、明治31年式戸籍と変わった点は、それまで「身分登記簿」と「戸籍簿」の二本立てになっていたものが、「身分登記簿」が廃止され、「戸籍簿」に一本化されたという点です。「身分登録簿」を廃止したことによって、記載内容が詳細になりました。

　以上のように本籍は、初めは住所を表していたのですが、その後住所とは関係なく定めることができるものとされ、これは単に戸籍の所在場所を表すに過ぎないものになりました。

　人の現実の居住関係については、明治5年式戸籍においても、本籍を離れて生活する者は寄留の届出をすることとされていましたが、次第にその取扱いが改善され、大正3年に戸籍法が改正されたときに、この寄留制度を戸籍制度から分離して別に寄留法が作られました。この寄留法は、やがて、昭和26年に住民登録法に改められ、さらに昭和42年には住民基本台帳法に改められ、戸籍制度とは別の制度として今日に至っています。

　なお、昭和32年の不動産登記法改正により初めて所有権保存や所有権移転の登記申請に住所証明書が必要となり、また、昭和52年の不動

産登記法改正により表示登記申請においても住所証明書が必要となりました。したがって、それ以前の不動産登記においては住所を証する書面を添付せずに住所の登記がされていたということになります。

本ケースの被相続人の調査をするに当たっては、戦前の死亡ということは、登記簿に記載されている住所については本籍地を住所として記載しているものと考えられますので、登記簿上の住所を管轄する当該市役所へ戸籍謄本を請求することになります。

(2) 戸籍調査の限界

相続の登記には、被相続人の出生から死亡するまでの戸籍謄本と、相続人の戸籍謄本等を添付して相続人を特定しなければなりません。

したがって、調査できる範囲の戸籍謄本等を入手し、入手できない戸籍謄本については、市町村長の「除籍謄本を交付できない」旨の証明書を取得することになります。

なお、除籍又は改製原戸籍の一部が震災や戦災により滅失等していることにより、その謄本を提供することができないときは、戸籍及び残存する除籍等の謄本の他、滅失等により「除籍等の謄本を交付することができない」旨の市町村長の証明書を添付すれば足りることとされています（平28・3・11民二219）。

## 〔参考〕告知書（除籍謄本を交付できない旨の証明）

告　知　書

除籍謄（抄）本の交付ができないことについて

除かれた戸籍の表示

本　　　籍　　○○県○○市○○町○丁目○番○号

筆　頭　者　　○○○○

消除年月日　　昭和○年○月○日

上記の除籍簿及び○○法務局に保管中の副本は、昭和○年○月○日に戦災で焼失しました。

　このために再製することができないので、除籍の謄（抄）本は交付できません。

平成○年○月○日

　　　　　　　　　　　　　　　　　　　　○○市長　　○○○○

### (3)　戸籍等の保存期間

　平成22年改正の現行法においては、除籍簿の保存期間は長期化され150年とされましたが（戸籍規5四・10の2②）、それ以前は80年（昭和36年戸籍法施行規則改正）、50年（昭和22年戸籍法施行規則改正）と定められていました。このように、従前の保存期間は短かったので、現在から戸籍を遡る際、既に保存期間の経過による廃棄処分により証明は得られない場合があります。

　また、大震災や戦争などの有事により毀損焼失したため証明が得られない場合があります。そのような場合には廃棄証明書や毀損証明書を添付することになります。

　現行戸籍が滅失等した場合には、法務局保管の副本に基づいて再製されるはずですが、改製前等の古い戸籍簿の再製は行われないため、相続登記に必要な過去の古い戸籍簿の探索が不可能な場合もあります。

　相続登記では、戸籍に記載されている人と登記名義人の同一性を証するため、戸籍謄本のみならず被相続人の本籍の記載のある除票の写し又は戸籍の附票も添付情報となりますが、改製前の戸籍の附票の保存期間は5年間（住基台帳令34①）と定められているため、登記簿上の所有者住所を証明する書類は、取り寄せできない可能性が高いといえます。

　この場合には、被相続人の登記済証を添付することにより、登記簿

上の登記名義人と被相続人の同一性を証明することができます（平29・3・23民二175）。

## 2 法定相続人の範囲及び法定相続分の調査

(1) 法定相続人の範囲及び法定相続分

ア 戦前の民法（相続法）による法定相続人の調査と確定

本ケースは戦前に死亡しているということですから旧民法における相続法が適用されると思われますが、旧民法による相続には家督相続と遺産相続がありました。戸主の財産であれば、家督相続とされ、戸主以外の家族の財産であれば、遺産相続の対象となりますが、家族が不動産を持つことは少なかったようで、多くの場合の相続登記は家督相続のようです。

なお、家督相続の発生原因については、死亡以外にも、隠居や国籍喪失等がありますので死亡以外の家督相続が開始するという場合もあります。

家督相続であれば相続人は一人しかいませんので、相続人の中から家督相続人を調査することになりますが、戸籍謄本に家督相続の旨の記載がなくても法定推定家督相続人の場合には法律上相続人であることが定められていますので、相続登記を申請することができることとされています。

イ 戸籍謄本、戸籍の附票を取得して調査

上記のように戦前の相続の場合には家督相続が一般的ですが、その場合には戸籍に家督相続人が記載されるので、他の相続人については戸籍を取得する必要はありません。

しかし、被相続人が死亡した日から相当経過している場合、第二次相続が開始していることがあります。第二次相続人が新民法施行後に死亡していれば、遺産相続となりますので、その被相続人に子どもが

いなかったときは、直系尊属は死亡していることが一般的なので兄弟姉妹が相続人となり、その場合には、数次相続が開始していることが多く、相続人が多数に上るということもあり得ます。

戸籍を取得する場合には、相続人が変わると集める戸籍の範囲もおのずと違ってきますので注意が必要です。

(2) 被相続人の住所証明情報の取寄せと調査

昭和32年5月以降の現行の登記制度では、所有者の住所は住民票・外国人登録票に基づいて記載されることとされていますが、それ以前に不動産登記においては、住所を証する書面は、添付する必要はありませんでした。

なお、住民登録法が施行される昭和27年以前に、登記簿及び土地台帳に記載されている住所は、本籍地であると一般的には推定してよいこととなります。

したがって、被相続人の住所証明書については、改製原戸籍の本籍地によって証明することになります。

相続登記申請をする場合には、相続人の住所を証する書面を添付する必要がありますので、相続人の現在の住民票の写しを取り寄せる必要があります。なお、住民票の写しの代わりに住民票コードを提供することでも登記を申請することは可能です。


## 3 その他の調査

(1) 寺院の過去帳

寺院には過去帳と呼ばれる帳面があります。

一般に過去帳とは、故人（被相続人）の没年月日・法名（戒名）が記録され、さらには、行年（亡くなったときの年齢）・俗名（生前の名前）・生前の様子・死因・死に際の様子・親子夫婦兄弟の関係（続柄）・住所などが記されることもあります。

これにより、被相続人の死亡年月日、最後の住所、相続人の人数等、本来公的証明書である戸籍から調査、確認すべき相続登記における原因証明情報の多くが判明することもあります。

(2) 親族等からの聞き取り調査

公的な書面により調査ができない部分については、親族等からの聞き取り調査が効力を発揮する場合があります。というのは住民票上の住所に本人がいない場合であっても、実際の居所を親族が知っている場合があるからです。ただ、住民票があるのに、転居届を出さない事情もあるでしょうから、調査については非常にデリケートな問題となります。なお、ドメスティック・バイオレンス等のため、登記記録に住所を記載したくないという人がいますが、その場合には、住所を秘匿する措置が認められています（平27・3・31民二196）。

個人情報の保護に関しては、司法書士等取引の依頼を受けた専門家には守秘義務があり、また、上記のような特例制度もあるということを説明し、教えてもらえる場合もあります。

## 4 相続登記申請

相続人の調査が完了したら、相続登記を申請します。なお、本ケースは家督相続の場合ですが、数次相続の場合、中間の相続人が一人であれば、1件で相続登記をすることができますので1件で登記申請をします。

なお、2件で申請する場合には、1件目は死者名義の相続登記ということになりますが、その場合には、租税特別措置法84条の2の3第1項により、平成33年3月31日まで非課税とされていますので、注意が必要です。

## Case 4 買収対象不動産の所有権登記名義人が海外移住しており、詳細な住所が確認できない場合

買収対象不動産の所有権登記名義人Aは現在海外移住しており、生存していることは間違いないのですが、所在及び詳細な住所が確認できないため、連絡が取れない状態です。

### 処理の流れ

登記記録の住所、氏名から所有権登記名義人の本籍付住民票を取得し、次に戸籍全部事項証明書を請求します。戸籍全部事項証明書によって親族関係が判明した場合には、当該親族の住所を戸籍の附票により確認し、親族から外国の住所を聞き、電話番号やメールアドレス等の連絡先を入手します。

それらの方法で確認できない場合は、外務省を通じて調査する方法もあります。

また、外国において日本人会を結成している場合が多いので、日本人会の存在も確認し調査します。

それでも本人の所在及び詳細な住所が確認できない場合には、最後の手段として不在者財産管理制度を活用します。

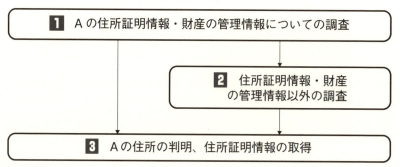

| ケース | 第1　権利部甲区 | 145 |

## 調査・解決の手続

### 1　Aの住所証明情報・財産の管理情報についての調査

**(1)　住所証明情報の取寄せと調査**

　登記記録上の住所から海外へと移住していることは明らかなので、まずは住民票の除票を取り寄せます。海外に移住してから長年経っている場合には、役所内における保管期間の経過により発行が受けられないことも考えられます。しかしながら、後述する外務省の所在調査申込みの際にも、日本国内及び海外の住所の手掛かりとなる資料は必要書類とされており、また、同申込みの前提として具体的にどのような調査をしたのか、住所証明情報について発行を受けることができないのであればその事情も併せて申出をする必要がありますので、公的住所証明情報である住民票の除票や戸籍の附票の取寄せとその調査は必須といえるでしょう。

　住民票の除票の記載中、Aの本籍地や同一世帯であった者の住所等の情報を基に、本籍地において戸籍の附票の取寄せも可能となります。戸籍の附票には住所移転の沿革が記載されていますが、海外の住所の記載をどこまで詳細に届出するかは任意とされているため、日本国内の住所の記載と違い、例えば「米国○○州」や「ブラジル国」というように、国名や地域、都市名のみにとどまるものも多く見られます。

　Aの海外における詳細な住所が判明しない場合でも、Aの国内における最後の住所や、日本国内の親族の住所等の調査は可能です。A本人の住所証明情報が得られない場合、親族への聞き取りをはじめ、Aの登記記録上の住所又はその後の国内における最後の住所に出向いて、近隣者や地元の自治会長、民生委員等の地域の実情に精通している者への聞き取りを行って、Aの居所や連絡先に関する情報について調査します。

特にA所有の不動産が居住用の土地・建物である場合などは、自治会や管理組合がその所有者又は管理者等の連絡先（変更があればその旨）を届け出る旨の規定を設けている場合が一般的ですので、これらの調査により、Aの連絡先に通じる事項が判明することが考えられます。

(2) 財産の管理情報の調査

固定資産課税台帳の所有者の記載は、固定資産税を誰に課すかという観点から作成されており、また、納税通知書は、当該不動産の所有者に宛てて送付するのが原則です。

よって、固定資産課税台帳に記載の所有者の住所は、登記記録上の住所にかかわらず、納税通知書の到達が可能な現住所を記載し作成されています。

一方、所有者以外の者であって納税手続を行う者の届出（納税通知書の送付先変更届）をする取扱いもあり、多くは親族や占有者、登記は未了であるが所有権移転を受けた者等の関係者が、納税通知書を受領し事実上の納付手続を行っている場合もあります。

所有者以外の者に対する場合であってどこ宛てに納税通知書を送付しているのかについては、行政上の判断と手続によるところが大きく、直接調査するのは困難かもしれませんが、場合によっては固定資産課税台帳の閲覧や証明書を取得し調査することは可能と考えられます。

また、海外移住者が、自身の日本国内における不動産等財産の管理について委任した財産管理人を置いている場合は、当該財産管理人の探索が可能となることもあります。

いずれの場合も、事実上の納税手続を行う者、財産を管理する者を通じて、A本人への連絡先、住所が判明することも考えられます。

名寄帳の調査により、Aが所有する又はAが所有権登記名義人となっている他の不動産が判明した場合は、その登記事項証明書を調査す

ることにより、Aの住所の記載を知ることができます。本ケースで買収対象となっている不動産以外の不動産登記記録には、Aの現住所が記載されている場合も考えられます。

特に担保権の設定がなされている不動産の場合は、担保権者や債務者の住所、氏名等の情報も分かりますので、Aの連絡先につながる有効な情報の1つとなる場合も考えられます。

## **2** 住所証明情報・財産の管理情報以外の調査

### (1) 外務省の所在調査

三親等内の親族や、裁判所、弁護士会、官公署からの依頼により、海外に在留している可能性が高く、長期にわたってその所在が確認されない日本人の住所、連絡先などを、海外にある日本公館が保有している資料を基に外務省によって調査を行う制度です。

調査対象者は、日本国籍を有し生存が見込まれる人物に限るとされており、外務省のホームページにも「主な目的としては、行政・裁判上の情報収集、遺産相続、消息調査、あるいは公的機関による債権の回収等が想定される。」と記載されています。また住所、連絡先が分かっているにもかかわらず、単に連絡が取り難い又は連絡を取っていないといった事情が認められるとき、あるいは連絡可能な全ての親族や知人に所在確認を行っていない事情が認められるときは、外務省はその調査申込みを受領しないことと明記しています。

調査対象者の所在が不明であることが前提となりますが、この「所在不明」と判断した理由として、いかなる事情の下、いかなる手掛かりをどのように調査したかについても、申込者によって明確に申し出ることとなります。

よってAの住所証明情報を始めとする各種証明情報の調査や、親族や関係者の探索、不動産所在地や最後の住所の近隣者の探索を通じて

行うＡの連絡先の調査は、前提として必ず行う必要があるでしょう。

　申込みが受領されると、外務省は在外日本公館が保有している出入国記録等を基に調査してくれますが、行方不明者の探索や、不明である現住所そのものを調査し証明してくれるわけではありません。また、調査の結果、在外日本公館保有の資料で被調査人の所在が判明した場合でも、弁護士会及び親族からの依頼に関しては、個人情報保護の観点から、被調査人本人に対し本調査の目的・趣旨を伝え、所在の有無及び住所・連絡先の通知について同意を求める必要があります。同意が得られない場合、「被調査人本人に連絡を試みた結果、住所等の通知については同意が得られなかった。」と回答されます。

　例えばＡが、外国への入国時に滞在先となる当該外国内の住所を届け出ていた場合でも、その後の同外国内での住所移転については、その都度住所移転の届出をするか否かは任意のため、当該在外日本公館の保有している住所の記録が、必ずしも即Ａの現在住所につながるとは限りません。

　在外日本公館が行う公的な情報を基にした調査と併せて、後記(2)(3)のような任意の人脈や情報を探索し調査することが、より効果的と考えられます。

| 作 成 書 類 | 所在調査申込書（後掲 書式 参照） |
|---|---|
| 申 込 者 | 対象不動産の買収者 |
| 申 込 先 | 外務省 |
| 添 付 書 類 | 被調査者の戸籍全部事項証明書の原本（いわゆる戸籍謄本。発行後6か月以内のもの。コピー不可。除籍謄本不可）<br>被調査者の戸籍の附票全部証明の原本（発行後6か月以内のもの。コピー不可。除籍謄本不可） |

> 申込者の戸籍全部事項証明書の原本（いわゆる戸籍謄本。発行後6か月以内のもの。コピー不可）
> 申込者と被調査者との関係を証明する戸籍謄本の原本（改製原戸籍謄本。コピー不可）
> 申込者と被調査者との関係を表す相関図
> 被調査者からの最後の手紙等、住所の手掛かりとなる資料
> 回答送付用の返信用封筒

(2)　現地日本人会等の調査

　在外邦人の場合、その国において日本人会を作っている場合が多く、日本人同士で連絡を取り合っていますので、日本人会に連絡すると本人の所在が分かる場合があります。

(3)　SNS等インターネットの利用

　最近はインターネットによるホームページやFacebook等のSNSの利用により、海外にいる本人と連絡が取れる場合があります。また、本人が同窓会などのサークルに入っている場合には、そのサークルから情報を得られることもありますので、それらの検索により有益な情報を得られる場合があります。

　また、海外では日本語が通用しない場合が多いので、現地の言葉に変換して検索するとヒットしやすいと思います。インターネットによる翻訳ソフトも有効活用しながら検索します。なお、メールのやり取りなどでは、相手方のパソコンに日本語ソフトがない場合が多いでしょうから、遺産分割協議書等のワードで作成した日本語の文書はＰＤＦに変換して添付すると文字化けせずに読むことができますので有用です。

150　　　　ケース　第1　権利部甲区

書式 所在調査申込書（親族用）

所在調査申込書（親族用）

記入日：平成〇年〇月〇日

1　調査対象国（あるいは地域）：　〇〇国
　　（1カ所に限定してください）

2　被調査人（調査の対象となる人物）
　(1)　氏名（戸籍上）：氏　〇〇　／名　〇〇　（現地名（あれば）：　　　　　）
　(2)　生年月日：明治・大正・(昭和)・平成　〇年〇月〇日生まれ（出生地：〇〇県　　）
　(3)　本　籍：　〇〇　都・道・府・(県)　〇〇市〇〇町〇丁目〇番地
　(4)　戸籍の附票上で確認できる最後の住所：〇〇県〇〇市〇〇町〇丁目〇番〇号
　(5)　配偶者の有無（いずれかに〇）
　　　　有・(無)　（ある場合は氏名：　　　　　　（外国人の場合は国籍：　　　　　）

3　本調査の目的（「所在不明」と判断した理由などを具体的にご記入ください。）
　　　弟は平成〇年〇月〇日頃、家を出た切り戻らなくなり、その後音信不通になりました。
　　　弟は独身なので着の身着のまま放浪する癖があり今回もそうだと思っていたのですがいつもなら1か月もすればふらっと戻ってくることが多かったのですが、今回は5年経っても戻ってきません。親戚中にも連絡をして行方を調べたのですが現在も分からないままです。
　　　所在が不明となった後3か月ぐらい後に〇〇警察署に捜索願を提出しましたが未だに見つかりません。途中2年ぐらい前に今〇〇国を旅しており、しばらくしたら帰るとの手紙が最後の連絡となります。

4　調査依頼人（申請者）
　(1)　氏名：氏　〇〇　／名　〇〇
　(2)　住所：　〇〇　都・道・府・(県)　〇〇市〇〇町〇丁目〇番〇号
　(3)　電話番号：　〇〇〇−〇〇〇−〇〇〇〇
　(4)　被調査人との関係：　　兄

ケース 第1 権利部甲区 151

5 その他（調査の手掛かりとなる事柄。分かる範囲で記入のこと。）
　(1)　音信途絶前の最後の住所：○○県○○市○○町○丁目○番○号
　(2)　渡航年月日：平成○年○月○日
　(3)　その他：

書式 所在調査申込書（官公署用）

所在調査申込書（官公署用）

記入日：平成○年○月○日

1　調査対象国（あるいは地域）：　○○国
　　（1カ所に限定してください）

2　被調査人（調査の対象となる人物）
　(1)　氏名（戸籍上）：氏　○○　／名　○○　（現地名（あれば）：　　　　）
　(2)　生年月日：明治・大正・昭和・平成　○年○月○日生まれ（出生地：　　　　）
　(3)　本　籍：　○○　都・道・府・県　○○市○○町○丁目○番地
　(4)　戸籍の附票上で確認できる最後の住所：○○県○○市○○町○丁目○番○号
　(5)　配偶者の有無（いずれかに○）
　　　　有・無　（ある場合は氏名：　　　　　　（外国人の場合は国籍：　　　　）

3　本調査の目的等
●照会に係る根拠法令、事業名・概要及び調査を要する経緯等：
　　土地収用法第3条第1号による○○道路拡幅事業における買収中であ
　るが、所有者である頭書記載の者が行方不明であり、買収交渉に支障
　を来している。
　　所在が判明すれば本人と直接契約をしたいが、不在者の行方が分か
　らない場合は不明裁決の手続を執りたい。不在者の親族にも事情を聞
　いたり近隣での事情聴取をしたが、いまだに行方が分からないので調
　査を願いたい。
●「所在不明」と判断した理由（親族への確認状況などを具体的にご記

152　　　ケース　第1　権利部甲区

入ください。）：

　不在者は平成○年○月○日頃、家を出た切り戻らなくなりその後音
信不通となった旨不在者の兄より情報を得たが、兄によるといつもは
旅行をしたとしても1、2か月ですぐ戻ってくるようであるが、今回は
2年ほど前に今○○国を旅行中であるがしばらくしたら帰るとの手紙
を最後に不在から5年を経過しようとしているところであり、その後
親族にも友人にも何の連絡もないとのことである。

4　調査依頼人（申請者）
　(1)　官公署・担当部署名：　　○○県用地課
　(2)　担当者氏名：　　○○○○　　　　　　（官職名：係長　　　　　　）
　(3)　住所：　　○○県○○市○○町○丁目○番○号
　(4)　電話番号：　　○○○－○○○－○○○○

5　その後（調査の手掛かりとなる事柄）
　上記事情説明中の最後の手紙に記載している住所は以下のとおりで
ある。
○○○○○○州○○ストリート○○番○○


〔参考〕外務省からの所在調査回答書

　　　　　　　　　　　　　　　　　　　　　　　　領安第○○○○号
　　　　　　　　　　　　　　　　　　　　　　　　平成○年○月○日

○○○○殿

　　　　　　　　　　　　　　　外務省領事局海外邦人安全課○○

　　　　　○○○○氏の所在調査について（回答）
　平成○年○月○日付けで調査依頼のありました○○○○氏に関しまし
ては、今般、○○日本国総領事館より、同氏の所在が判明し、同氏本人
より下記連絡先の通知について同意が得られた旨報告がありましたので
お知らせします。

記

住　所：　○○○○○○○○
電　話：　○−○○○−○○○−○○○
E-mail：　○○○○○○○○

## 3　Aの住所の判明、住所証明情報の取得

　相手方と連絡が取れて協力が得られるようであれば通常の売買契約をすることになります。本来、当事者間で面談した上で、本人の確認と意思の確認をし、契約を締結することになりますが、遠方で直接確認できない場合には電話会議システム等により本人を確認し、他の書類はメール又は郵送により送付するということも考えられます。

　在外邦人との売買契約において、必要登記書類は在留証明書とサイン証明書及び登記原因証明情報並びに承諾書となりますが、在留証明書については入国から現在までの住所の変更も記載してもらい、現在の住所については、日本語でどのように表記するのがよいかの希望も聞いておく方がよいでしょう。また、サイン証明書については売買契約書の原案をメールで添付し、プリントアウトしたものを大使館や領事館に持参し、大使等の面前でサイン及び拇印してサイン証明書をもらうのが一番確実ですが、契約書とサイン証明書が一体となっておらず別のものであっても照合可能であれば有効なものとして使用することができます。

　なお、在外邦人が一時日本に帰国しているときに日本の公証役場において、公正証書を作成すれば、サイン証明書はなくてもよいこととされています（登記研究669号209頁、昭58・5・18民三3039参照）。

## Case 5　30年以上前に売買した土地の所有権移転登記が未了だった場合

AはBより30年以上前に土地を買い受けて所有権を取得しましたが、その所有権移転登記が未了です。

### 処理の流れ

売買をした場合、通常は対抗要件をすぐに備えるために登記をしますが、登記は強制ではない上、登録免許税もかかることから、登記をしないでいる場合があります。

そのような場合は、登記の関係書類の有効期限が切れてしまったり、売主や買主が死亡していたりする場合もあります。したがって、現状を確認してそれぞれの場合に応じた登記申請をすることになります。

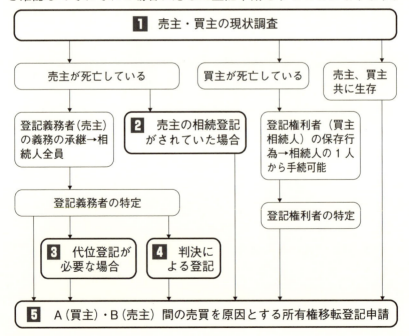

| ケース | 第1　権利部甲区 | 155 |

## 調査・解決の手続

### 1　売主・買主の現状調査

　(1)　売買契約の登記義務者と現在の登記名義人が一致している場
　　合

　まずは登記簿を確認し、売買契約の登記義務者が、現在の登記名義
人となっているかどうかを確認します。

　売買契約の登記義務者と現在の登記名義人が一致している場合に
は、登記義務者に連絡を取り登記必要書類を受領するようにします。

　一般的な登記義務者の必要書類は以下のとおりです。

①　登記原因証明情報

②　登記識別情報又は登記済証

③　印鑑証明書

④　評価証明書

⑤　委任状

　上記の書類を受領していたとしても③の印鑑証明書は発行後3か月
以内、④の評価証明書については申請年度のもの（4月から翌年3月ま
で）という有効期限がありますので、新しいものと差し替えてもらい
ます。

　ちなみに買主の登記権利者の必要書類は以下のとおりです。

①　登記原因証明情報

②　住所証明書

③　委任状

　なお、①の登記原因証明情報については、売主及び買主の登記必要
書類であり、最低限売主の記名押印があれば有効なので、買主として
は新たに作成する必要はありません。

　(2)　売主が死亡している場合

　登記名義人たるＢが死亡している場合、登記義務を承継する相続人

全員が登記義務者となり申請行為を行います（昭27・8・23民事甲74、不登62）。

その場合には、相続があったことを証する市町村長、登記官その他の公務員が職務上作成した情報（公務員が職務上作成した情報がない場合にあっては、これに代わるべき情報）を添付しなければなりません（不登令7①五イ）。

具体的には、被相続人の死亡の事実と相続人との関係を証明する戸籍全部事項証明書等です。

なお、登記手続としては、相続による所有権移転登記はせずに、相続人が直接登記義務者として登記を申請することになります。その登記義務は、遺産分割協議により、一部の者に負担させることはできませんが、仮に相続による所有権移転登記をしてしまった場合であれば、所有権登記名義人のみを登記義務者として申請をすることができます（登記研究154号64頁）。

（3）　買主が死亡している場合

登記申請行為は保存行為（民252）とされるので、相続人中の一人が登記権利者亡Ａの相続人として登記申請行為を行うことができます（登記研究308号77頁）。

したがって、戸籍事項証明書については被相続人と相続人のうちの一人（申請人）の関係が証明できれば足り、他の相続人の戸籍事項証明書を添付する必要はありません。

## 2　売主の相続登記がされていた場合

（1）　相続人により所有権移転登記がされている場合

本来の権利移転であるＡ・Ｂ間の所有権移転登記が未了の間に、Ｂが死亡し、遺産分割協議の結果、共同相続人のうちの一人によって相続を登記原因とする所有権移転登記がされている場合について考えま

す。

　登記記録には物権変動の過程と態様を忠実に反映しなければならないのが登記制度の原則です。上記の場合に被相続人Ｂと買主Ａとの売買を原因とする所有権移転登記を行うと、登記記録上、①相続の登記原因の記録⇒②買主Ａへの所有権移転登記の原因の記録がなされることになり、それら一連の記録を総合的に見れば、被相続人Ｂが生前に売り渡した不動産について登記未了の間に遺産分割による登記が誤ってなされたことが明らかですが、当該相続人は登記義務を包括的に承継しているので、便宜上、抹消登記をせずとも、所有権の登記名義人とされている相続人からする買主Ａへの所有権移転登記申請は受理されるものと解されています（昭37・3・8民事甲638）。

　(2)　所有権登記名義人（相続人の一人）から買主への所有権移転登記

　Ｂは既に相続登記をしているので抹消せずに相続人からＡへの売買による所有権移転登記を申請することができるのは前述のとおりです。その場合には、申請書の登記義務者の欄に亡何某の相続人と記載することはしません。実際に売買をした売主のような記載となってしまいますが、Ｂの相続登記は上記申請書の売買日付より後の日付とされているのでＢが被相続人であることは登記簿上明らかとなります。

　申請書に添付する登記識別情報や印鑑証明書は現在の登記名義人のものです。

## 3　代位登記が必要な場合

　登記義務者の住所が変更されている場合には、住所変更登記をした上でなければ売買による所有権移転登記をすることはできませんので、売主が登記申請に協力してくれない場合には、買主は債権者代位により、売主に代位して、住所変更登記を申請することができます。

## 4 判決による登記

登記義務者が協力してくれない場合には判決によるしかありません（不登63）。登記請求権の行使による勝訴判決によって、登記義務者の登記申請意思を擬制させる（民執174）ことにより、登記権利者は単独で登記申請行為をすることができることとされています。

## 5 A（買主）・B（売主）間の売買を原因とする所有権移転登記申請

(1) 買主が死亡している場合の登記申請

A（買主）が登記権利者、B（売主）が登記義務者である売買を原因とする所有権移転登記については、死亡しているAによる登記申請はできませんが、死亡したA名義でその相続人の一人が登記申請することができます。申請書に添付する住所証明書は、Aの除票です。その他、相続を証する書面を添付します。

(2) 売主が死亡している場合の登記申請

死亡しているBによる登記申請はできませんが、死亡したBの登記申請義務を承継したその相続人全員による登記申請をすることができます。

申請書に添付する登記済証はBのものを提出し、印鑑証明書は相続人全員のものを提出します。その他、相続を証する書面を添付します。

ケース 第1 権利部甲区 159

# Case6 解散した法人が所有権登記名義人になっている土地の場合

　市が買収を予定している土地の登記記録上の所有権登記名義人を調査したところ、株式会社の名義となっており、当該会社の商業登記記録を調査したところ、解散していました。

## 処 理 の 流 れ

　買収交渉を進めるに当たり、まずは不動産の登記記録を調査し、権利関係を確認します。その際には、土地の上に建物がないかどうかや、地図や地積測量図についても確認し、不動産の現況を登記記録で確認することになります。

　次に商業登記記録を調査することになりますが、商業登記記録について商号区、目的区、役員区、会社履歴区等について不自然な点がないかどうかについて確認します。本ケースは解散している会社ということですので、清算会社を前提とした契約という点に注意することになります。

　次に、会社の実態調査を行います。

　最後に、問題がなければ、売買契約を締結し、代金の支払及び所有権の移転という流れになります。

ケース 第1 権利部甲区

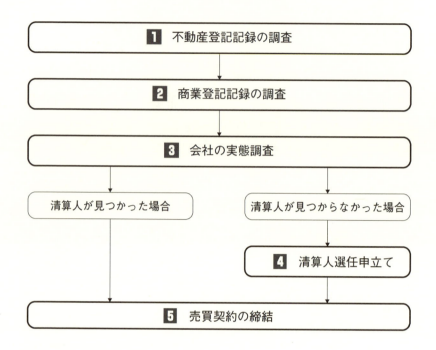

調査・解決の手続

### 1 不動産登記記録の調査

　不動産について登記記録を調査し、権利関係を確認します。
　その際には土地の上に建物がないかどうかを確認します（建物の所在地は底地の地番と同一の所在を記載することになっているので、底地の地番と同一所在の建物登記記録で確認することができます。）。
　また、地図や地積測量図を取得し、土地の形状や面積についても確認することが必要です。
　権利関係については、権利部を確認しますが、登記記録の甲区の最後に記載されている所有者が現在の所有者です。登記記録の調査では、現在の所有者から遡って、所有権の移転の流れを見て、不自然な点がないかどうかを確認した上で、現在の所有者の本人確認を行うこ

とになります。例えば、従前の所有権登記名義人が所有権を取得した登記原因が委任の終了となっている場合に、その後相続によって所有権を取得した人から現在の所有者に売買で移転している場合には、所有権が無効である可能性もあります。また、譲渡担保となっている場合には、担保目的で所有権が移転しているのが明らかですから、いまだに担保目的で名義人となっているのか又は債務不履行によって確定的に所有権が移転しているのか等の実体関係の調査が必要となります。

　不動産登記記録上特に問題がなければ、次に商業登記記録を調査することになります。

### 2　商業登記記録の調査

　不動産登記記録では、会社の状況を確認することはできませんので、商業登記記録を調査することになりますが、商業登記記録についても現在の登記事項から過去に遡って調査する必要があります。商業登記記録では商号区、目的区、役員区、会社履歴区等を確認し、会社乗っ取りや、なりすましがないかどうかについて確認する必要があります。会社が買収された場合などは、商号、目的、役員区等を同時に変更する場合が多々あります（円満に会社が売買される場合も同様の傾向はありますが注意するに越したことはありません。）。役員同士で解任争いになっているような場合は、当該会社との取引は避けた方がよいでしょうが、本ケースは解散している会社ということですので、清算会社を前提とした契約という点に注意することになります。

　清算人が単独で代表権を有しているかどうか（商業登記記録で清算人が一人の場合にはもちろん単独で代表権を有していることになります。）については、清算人が複数いる場合には、各自代表権があります（会社483②）、清算人の過半数の決議により業務を執行することとされていますので（会社482②）、売買契約に当たっては、過半数の決議が

あるかどうかを確認しなければなりません。また、代表清算人が選任されている場合には、他の清算人は清算会社を代表することはできませんので（会社483①ただし書）、契約自体は、代表清算人とするということになります。

　なお、清算人会設置会社においては、清算人会の決議が必要となりますので（会社489②）、売買契約を締結するに当たっては、清算人会議事録を確認する必要があります。

　清算人が登記されていても存在しない場合においては、株主総会において清算人を選任してもらいますが、株主も分からないような場合には裁判所に清算人選任の申立てをすることができます（会社478②）。

　なお、解散の原因は、一般的には、株主総会の決議により解散することがほとんどですが、稀に休眠会社の登記官による職権解散という場合があります。

　休眠会社の職権解散とは、実際に営業していない会社（最後の登記から12年を経過している会社）について、登記簿を整理するために法務局が会社に「事業を廃止していない旨の届出をすべき旨」の通知を送り、会社が何らかの登記をするか、又は事業を継続している旨の申し出をしない場合には、2か月後に解散したものとみなす制度です（会社472）。なお、平成18年の会社法施行前については最後の登記から5年を経過している場合に職権解散の対象となっていましたが、いずれにせよ官報公告及び当該会社への通知にも対応しない、現実に営業していない会社ということになりますので、株主を探して清算人を選任するということは難しいと思われます。したがって、職権解散している会社については、最初から裁判所への清算人選任手続を選択することとなるでしょう。

　ちなみに、職権解散された株式会社は、解散したものとみなされた日より後、3年以内に限って会社を継続することができることとされており（会社473）、清算会社でも所有する不動産を売却することができ

ますので、解散したまま、清算人を相手に売買契約をすることが可能です。

## 3 会社の実態調査

不動産登記記録と商業登記記録による調査が終わった後には、会社の実態調査を行います。実態調査といっても、本店所在地に行き会社の実態を調査するだけですが、解散している会社の場合には清算状態にありますので、事業は行っていません。したがって、事業継続している会社の場合には、看板も大きく出しており、また、ホームページでも広告をしている場合が多く、探すのには苦労しないと思いますが、清算状態の会社では資産を売却し、徐々に会社の規模を縮小していき、最後には資産をゼロとして清算結了することを予定していますので、登記記録上の本店所在地に会社の実態がない場合もあります。

当該会社が上場企業や大会社の関連会社の場合には、上場企業や大会社に聞けばその実態が分かる場合もあり、また、子会社の場合には親会社の事業部内に実質的に本店移転をしている場合があります。その場合には、事業部長等が代表清算人になっている場合が多く、売買契約を締結する場合でもある程度安心して契約をすることができます。

しかし、そういった会社ばかりではないので、実際に会社を探そうとする場合には、本店所在地での確認ができない場合も多く、会社役員の住所・氏名から探し当てるということもあります。なお、会社が譲渡されていない場合には商業登記記録で調査した旧役員の中で連絡がつく人がいる場合もありますので、解散前の取締役等の住所・氏名を確認しておくとよいでしょう。平成27年2月27日に商業登記規則の改正が施行され、平取締役についても本人の住所が確認できる情報を添付することとなりましたが、それ以前については本人確認情報の添付が義務付けられていなかったので、商業登記申請書の添付書類の閲

覧をしても、平取締役の住所は分からない場合が多いと思われます。しかし、設立登記申請書類の閲覧ができれば、原始定款において、発起人の住所・氏名が記載されていますので、そこから調査できる場合もあります。

### **4** 清算人選任申立て

清算人が見つからなかった場合、又は調査の末死亡していたことが分かった場合には、裁判所へ清算人選任申立てをし、選任された清算人と売買契約をすることになります。

| 作成書類 | 清算人選任申立書 |
|---|---|
| 申立権者 | 利害関係人（株主、監査役、債権者等） |
| 管轄裁判所 | 清算会社の本店所在地を管轄する地方裁判所 |
| 添付書類 | 申立人が利害関係人であることを証する書面（当該物件の担保権者である場合には不動産登記事項証明書で分かります。）<br>清算会社の登記事項証明書<br>不動産登記事項証明書<br>固定資産評価証明書<br>不動産の価格を明らかにする書面（評価書、査定書等）<br>買付証明書<br>売買契約書案<br>売却代金の分配案<br>※清算会社が破産手続を経た会社である場合には、破産手続開始決定書（破産宣告書）も必要です。 |

## 5 売買契約の締結

　本店所在地や清算人が確認できた場合には、代表権のある清算人と売買契約をしますが、前述のとおり清算人が複数いる場合や清算人会設置会社の場合には、社内手続として、過半数の決議や清算人会の議事録が調っているかどうかを確認し、会社法上の規定を遵守した上での売買契約であることを確認する必要があります。

　売買契約書には、清算人の法務局への届出印（会社実印）を捺印することとなりますが、その際には印鑑証明書を添付してもらうようにすべきです。会社によっては不動産登記管轄登記所と商業登記管轄登記所が同一なので、印鑑証明書は添付不要である旨を主張する会社もありますが、買主としては、印鑑証明書の実印の印影を確認する必要がある旨を伝え、最低でも印鑑証明書のコピーを受領するようにしましょう。

　また、不動産登記の代理人となる司法書士は買主の方で指定し、確実に登記ができる状況であることを確認してから売買代金を支払うようにします。なお、売主において銀行の預金口座を解約している場合には、振込みによる支払ができないので、現金による一括決済となりますが、銀行振出しの自己宛小切手（預手）で売買代金を支払うことができるようであれば、現金による支払より安全といえます。

　なお、時間的に余裕があるのであれば、所有権移転について仮登記をしておき、決済日に本登記の関係書類の引渡しを受けるということを検討してもよいでしょう。偽造書類やなりすましによる詐欺事件が横行している昨今においては、相手方に疑問がある場合には慎重な対応をする必要があります。

166 　　ケース　第1　権利部甲区

## Case 7　買収対象土地の相続人が多数に上り、全員の把握が困難な場合

　A市が買収を予定している土地の登記記録上の所有名義人B が既に死亡し、その相続人もまた死亡していることが判明し、数次相続が多数生じているため、相続人全員の把握ができない状態にあります。

### 処 理 の 流 れ

　効率的な買収を行うために、まずはBの出生から死亡までの戸籍謄本等を取り寄せ、相続人を調査します。次に相続人が死亡していれば、さらにその相続人の出生から死亡までの戸籍謄本等を取り寄せ、その相続人の調査をします。

　最終の相続人の生死・所在が判明しない場合は不在者財産管理制度、相続人が存在しない場合は相続財産管理制度などの利用を検討します。

　さらに相続人の生死が不明になってから7年以上が経過していれば失踪宣告制度を適用して死亡とみなした上で、次の相続人と買収交渉をすることも考えられます。

　その他の方法として、土地収用法の不明裁決制度を利用して買収予定土地を取得するという方法もあります。

　相続人が多数の場合であっても相続人を全員調査する必要があるのはもちろんですが、その場合でも多数の相続人を相手に契約をするのは困難を要する場合が多いので、可能であれば相続人間で相続放棄や相続分の譲渡によりある程度人数を絞り込んでおくことが効果的です（高齢化社会では相続人の調査中に更なる相続が発生する可能性もあります。）。

ケース 第1 権利部甲区　　　167

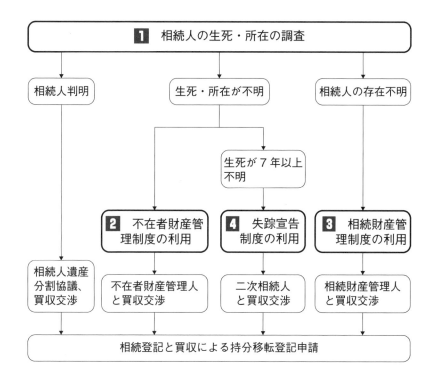

### 調査・解決の手続

#### １　相続人の生死・所在の調査

　登記記録上の所有者の住所を手掛かりとして戸籍を被相続人の出生まで遡って除籍謄本、改製原戸籍謄本等を取り寄せて調査し、さらに関係者、近隣住民等から聞き取り調査をし、相続人を調査します。
　相続人が死亡していることが判明したら第二次相続人の出生まで遡って除籍謄本、改製原戸籍謄本等を取り寄せ、その相続人の有無を調査しますが、これは第一次相続人の戸籍関係と重複する部分が多いと思われます。その際には同一の戸籍は1通のみで足ります。
　相続人の存在が確認できたら、その相続人の戸籍謄本（戸籍全部事項証明書）及び戸籍の附票の写しを取り寄せ、現在の所在を調査します。

書類上で相続人の存在が確認できたとしても、必ずしもそこに居住しているとは限らないので、居住の確認、本人の確認は怠れません。本人の確認が取れたら相続人と買収交渉をすることになりますが、相続人間で遺産分割協議や相続分譲渡等ができれば買収交渉の当事者を絞ることができます。

## ❷ 不在者財産管理制度の利用

### (1) 不在者財産管理制度

相続人の生死・所在が確認できない場合、家庭裁判所に不在者財産管理人を選任してもらい（民25①）、不在者財産管理人を買収交渉の当事者としたり、相続人間の相続分譲渡若しくは遺産分割協議に参画してもらい交渉当事者の絞り込みに協力してもらう方法も考えられます。

### (2) 申立手続

#### ア 不在者財産管理人の選任

不在者の財産管理を開始するための不在者財産管理人選任の申立手続は、下記のとおりです。

| 作 成 書 類 | 家事審判申立書（不在者財産管理人選任） |
|---|---|
| 申 立 権 者 | A市 |
| 管轄裁判所 | 不在者の従来の住所地を管轄とする家庭裁判所（不在者の財産所在地を管轄する家庭裁判所でも申立てを受け付けることができる場合があります。） |
| 添 付 書 類 | 不在者の戸籍謄本（戸籍全部事項証明書）、戸籍の附票の写し<br>不在者財産管理人候補者の住民票の写し<br>不在の事実を証する資料<br>不在者の財産に関する資料<br>申立人の利害関係を証する資料 |

イ　権限外行為許可申立て

　不在者財産管理人選任後、買収予定地の売却をするに際し家庭裁判所の許可が必要で、その申立手続は、下記のとおりです。

| 作 成 書 類 | 家事審判申立書（不在者の財産管理人の権限外行為許可） |
|---|---|
| 申 立 権 者 | 不在者財産管理人 |
| 管轄裁判所 | 不在者財産管理人を選任した家庭裁判所 |
| 添 付 書 類 | 売買契約書案<br>不動産登記事項証明書 |

(3)　申立後の手続の流れ

　不在者財産管理人が選任された後、不在者財産管理人が申し立てた買収予定地の売却に関する権限外行為許可審判が確定すれば、A市と売買契約が締結できるようになります。ただし、売買登記の前提として、不在者名義への相続登記をする必要があります。これは不在者財産管理人が不在者の財産保存行為として単独で申請できますが（民103）、A市が代位者として嘱託登記をすることも可能です（民423①、不登116）。

## 3　相続財産管理制度の利用

(1)　相続財産管理制度

　相続人のあることが確認できない場合、相続財産は法人となります（民951）。家庭裁判所に相続財産管理人を選任してもらい（民952①）、相続財産管理人を買収交渉の当事者としたり、相続人間の相続分譲渡若しくは遺産分割協議に参画してもらい交渉当事者の絞り込みに協力

してもらう方法も考えられます。

(2) 申立手続

ア 相続財産管理人の選任

被相続人の財産管理を開始するための相続財産管理人選任の申立手続は、下記のとおりです。

| 作 成 書 類 | 家事審判申立書（相続財産管理人選任） |
|---|---|
| 申 立 権 者 | A市 |
| 管轄裁判所 | 被相続人の最後の住所地を管轄とする家庭裁判所 |
| 添 付 書 類 | 被相続人の除籍謄本等（出生から死亡まで）<br>被相続人の住民票除票の写し<br>被相続人の父母の除籍謄本等（出生から死亡まで）<br>被相続人の財産を証する資料<br>申立人の利害関係を証する資料 |

イ 権限外行為許可申立て

相続財産管理人選任後、買収予定地の売却をするに際し家庭裁判所の許可が必要で、その申立手続は、下記のとおりです。

| 作 成 書 類 | 家事審判申立書（相続財産管理人の権限外行為許可） |
|---|---|
| 申 立 権 者 | 相続財産管理人 |
| 管轄裁判所 | 相続財産管理人を選任した家庭裁判所 |
| 添 付 書 類 | 売買契約書案<br>不動産登記事項証明書 |

（3）　申立後の手続の流れ

相続財産管理人が選任された後、相続財産管理人が申し立てた買収予定地の売却に関する権限外行為許可審判が確定すれば、A市と売買契約が締結できるようになります。ただし、売買登記の前提として、相続財産法人への所有権登記名義人氏名変更の登記をする必要があります。これは相続財産管理人が被相続人の財産保存行為として単独で申請できますが（民103）、A市が代位者として嘱託登記をすることも可能です（民423①、不登116）。

## 4　失踪宣告制度の利用

（1）　失踪宣告制度

失踪宣告制度は、不在者を死亡したものとみなし、その者の法律関係を確定させる制度（民30）で、その効果の一つとして不在者の相続が開始します（民31・882）。相続人は不在者（被相続人）の権利義務関係一切を承継するので、相続人と買収交渉をすることになります。

（2）　申立手続

失踪宣告の家事審判申立手続は、下記のとおりです。

| 作 成 書 類 | 家事審判申立書（失踪宣告） |
|---|---|
| 申 立 権 者 | 不在者の配偶者、推定相続人、受遺者、財産管理人等の利害関係人 |
| 管轄裁判所 | 不在者の従来の住所地を管轄とする家庭裁判所 |
| 添 付 書 類 | 不在者の戸籍謄本（戸籍全部事項証明書）、戸籍の附票の写し<br>不在者の失踪を証する資料<br>申立人の利害関係を証する資料 |

失踪宣告手続では、不在者財産管理制度や相続財産管理制度と異なり、検察官は申立権者になっていません。失踪宣告手続は、一方的に国民を死亡したものとみなすものなので、国等の公権力側からその手続をとることは妥当でないと考えられています。そこで、Bの配偶者、推定相続人等が申立てをすることになります。

（3）　申立後の手続の流れ

家庭裁判所の調査官による調査が行われ、一定期間公示催告がなされます。申出期間の満了後、家庭裁判所は失踪宣告をします。申立人が審判書と確定証明書を本籍地の市区町村に提出し失踪の届出をすると、戸籍に死亡が記載されることになります。


# ▼土地収用法の不明裁決制度の利用

（1）　土地収用法

土地等を公共の利益となる事業のために強制的に取得し、使用することのできる制度を具体化したものが土地収用法です。

強制的に個人の土地等を取得・使用するもの（収用2）ですから、要件、手続は厳格に定められています。

収用手続は大きく分けて事業認定手続（収用16・20）と収用裁決手続（収用39）に分かれています。事業認定手続は当該事業が公益性を有し収用適格事業か否かを審査するものです（収用3）。収用裁決手続は事業認定を受けた事業につき収用又は使用を認めるか否かを審査します（収用47の2）。

（2）　不明裁決制度

収用裁決手続において、起業者は収用の対象となる土地等の所有者等の住所・氏名等を明らかにして収用又は使用の裁決の申請をします（収用40①）。しかし、調査をしたものの土地所有者等の住所又は氏名が判明しないことがあります。このような場合、住所又は氏名を知る

ことができなかった事情、調査内容を記載した書類を提出して裁決申請をすることができます（収用40②）。収用委員会はこれを受けて審査の上、住所又は氏名が不明のままで裁決をすることができます。

(3) 不明裁決制度の利用

相続人の生死・所在が不明な場合、不在者財産管理制度、相続財産管理制度等に限らず、不明裁決制度も選択肢の一つとして考慮することができます。

174　　　ケース 第1　権利部甲区

# Case8　表題部に氏名と所有者持分の記載はあるものの住所の記載がなく所有権登記がされていない土地で所有権者が不明の場合

　Ａ市が買収を予定している土地の登記記録上の所有権登記名義人を調査したところ、表題部に氏名と所有者持分の記載はあるものの住所の記載がなく所有権登記がされていない土地で所有権者が不明でした。

## 処 理 の 流 れ

　表題部所有者が不明であるときは、同人を不在者とする不在者財産管理人の選任の申立てを行い、不在者財産管理人が選任された後に、土地の売買契約の原案を作成し、家庭裁判所に不在者財産管理人の権限外行為許可の申立てをし、売買契約（本契約）をし、売買代金を支払い、所有権移転登記をすることになります。

　なお、不在者財産管理人を相手に訴訟や即決和解をしても目的を達成することができますが、地方自治体が訴えの提起や即決和解の申立てを行う場合には、議会の議決が必要とされています（自治96）ので、通常は上記の売買契約を締結する方が多いと思います。仮に訴訟や即決和解で所有権が証明できた場合は、判決により自己の所有権を証明する者として直接所有権保存登記をすることが可能となります（不登74①二）が、そうでなければ売主名義で所有権保存登記をした上で、所有権移転登記をせざるを得ません。

ケース 第1 権利部甲区

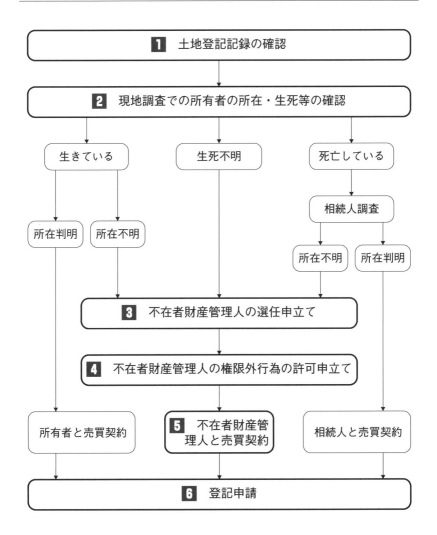

調査・解決の手続

**1 土地登記記録の確認**

不動産について不動産の登記記録を調査し、権利関係を確認します。本ケースでは住所の記載のない登記記録ということですので、一般

的な住所の記載がない場合の経緯と登記記録上の所在と住所の関係について説明します。

　なぜ住所の記載のない登記記録ができてしまったかというと、一般的な経緯としては、固定資産税が国税から地方税に変わるのを機に登記所が管轄する不動産登記簿と、税務署が管轄する土地台帳や家屋台帳を一元化するための不動産登記法の改正が昭和35年にありました。その際に税務署から受け継いだ台帳の記録を登記簿に移記することとなりましたが、土地台帳や家屋台帳に住所の記載がないままのものが多数ありました。そこで台帳に記載していない住所を登記簿に記載することはできず、住所の記載のない登記簿ができてしまったわけです。

　それではなぜ台帳に住所の記載がなかったかというと、昔は本籍地と住所地が一致しており、住所という概念はなかったのですが、その後、住民登録をするようになり、その住民登録の場所として土地の地番や建物の屋敷番号を住所として記載していました。したがって、登記簿上の所在と実際の住所が一致していたわけです。

　そこで、住所が台帳の所在と一致している場合には、住所の記載を省略して氏名のみを記載する税務署があり、そういった土地台帳や家屋台帳が法務局に移管されたために、住所の記載のない氏名のみの登記がされるようになったようです。したがって、住所の記載がない場合の実際の住所が登記簿の所在（所在と地番）と一致している場合には、同一の住所として取り扱うことが可能となるのが一般的です。しかし、全国で統一した取扱いではありませんので、法務局に確認する必要があります。

　そういった住所の記載のない氏名のみの表題部について、所有権の保存登記をする場合には、表題部所有者の住所の遺漏を原因として住所の更正登記をして、表題部に住所を記載し、その後所有権保存登記

をするという取扱いと、表題部所有者の住所の記載がないままで所有権保存登記をする取扱いの2つの登記の方法があります。

なお、登記簿と土地台帳・家屋台帳の一元化作業により旧土地台帳から移記され、その登記記録の表題部の所有者欄に氏名のみが記録されている土地について、表題部所有者に不在者財産管理人が選任され、当該不在者財産管理人と国との間で売買契約が成立した場合において、国から当該表題部所有者を登記名義人とする所有権の保存の登記の嘱託情報（所有権の登記名義人となる者の住所の記載はありません。）と所有権の移転の登記の嘱託情報とを、その登記の前後を明らかにして同時に提供するとともに、その代位原因を証する情報（不登令7①三）の一部として、不在者財産管理人の選任の審判書（本件土地の表題部所有者の氏名と不在者の氏名とが同一であるものに限ります。）及び当該不在者財産管理人の権限外行為許可の審判書（物件目録に本件土地が記載されているものに限ります。）が提供されたときは、所有権の保存の登記の嘱託情報に所有権の登記名義人の住所を証する情報の提供がなくとも、便宜、当該嘱託に基づく登記をすることができることとされています（平30・7・24民二278）。

## 2 現地調査での所有者の所在・生死等の確認

上記のとおり登記記録に住所の記載がなく所有者の氏名のみの場合、その住所は登記記録上の所在と一致していることがありますので、土地の所在地と所有者の氏名を手がかりにして所有者の戸籍を特定し、生死を確認する必要があります。所有者が戸籍上生存しており、所在が分からない場合には不在者財産管理人を選任することができますが、不在者の所在が判明している場合には不在者財産管理人を選任することはできません。

なお、不在者の生死が不明の場合にも、不在者財産管理人を選任す

ることができますが、所有者の死亡が確認された場合には、相続人を調査し、相続人の中に所在不明の人がいる場合に初めてその人に対して不在者財産管理人を選任することができます。

## 3 不在者財産管理人の選任申立て

上記調査の結果、不在者がいた場合には不在者財産管理人の選任申立てをすることができます。申立手続は、下記のとおりです。

| 作成書類 | 家事審判申立書（不在者財産管理人選任） |
|---|---|
| 申立権者 | A市 |
| 管轄裁判所 | 不在者の従来の住所地を管轄とする家庭裁判所（不在者の財産所在地を管轄する家庭裁判所でも申立てを受け付けることができる場合があります。） |
| 添付書類 | 不在者の戸籍謄本（戸籍全部事項証明書）、戸籍の附票の写し<br>不在者財産管理人候補者の住民票の写し<br>不在の事実を証する資料<br>（例）不在者宛て返送郵便物、捜索願受理証明書、不在者の親族による陳述書（聴取書）などです。<br>不在者の財産に関する資料<br>（例）不在者が所有する不動産の登記事項証明書や土地評価調書などです。財産の調査は選任後の不在者財産管理人が行いますので、申立時点においては入手できる範囲の資料を提出することで足ります。<br>なお、相続が開始している場合には、相続関係説明図や除籍、改製原戸籍、戸籍謄本（戸籍全部事項証明書）等が必要です。<br>申立人の利害関係を証する資料 |

| ケース | 第1　権利部甲区 | 179 |

> （例）申立人が親族の場合には、親族関係にあることが
> わかる戸籍謄本（戸籍全部事項証明書）などですが、
> 市町村が用地取得のために申立てをする場合には、
> 申立書に用地取得が必要な事情等を記載すること
> で足ります。

　申立てのための費用は、申立手数料として収入印紙800円分と、郵券が必要です（裁判所により予納郵券の額が違う場合がありますので事前に確認してください。）。さらに、不在者の財産がほとんどなく、不在者財産管理人の報酬を含む管理費用の財源が見込めない場合には、一定の予納金が必要となります。なお予納金の金額については、事案により異なりますので、事前に、裁判所書記官と打合せをしておくとよいでしょう。

　申立ての受理をした後、裁判所は申立書や所在不明となった事実を裏付ける資料を確認した上で、申立人から事情を聴いたり、関係官署に照会したり、不在者の親族に照会したりしますが、申立人において事前に親族等への照会をしている場合には、それらの事項を記載した報告書により照会を省略する場合もあります。

　不在者財産管理人の選任を申し立ててから不在者財産管理人が選任されるまでには、通常1〜2週間かかります。

　選任された不在者財産管理人は、就任後、概ね1か月以内に、不在者の財産を調査して、財産目録や管理報告書を作成し、家庭裁判所に提出することが必要です。

## 4　不在者財産管理人の権限外行為の許可申立て

　不在者財産管理人は、不在者の財産に対し保存、利用、改良行為をすることはできますが、遺産分割協議をしたり、不在者の財産を処分したりする行為は、不在者財産管理人の権限を越えていますので、このような行為が必要な場合は、「権限外行為の許可」という手続が必要

となります。申立手続は、下記のとおりです。

| 作 成 書 類 | 家事審判申立書（不在者の財産管理人の権限外行為許可） |
|---|---|
| 申 立 権 者 | 不在者財産管理人 |
| 管轄裁判所 | 不在者財産管理人を選任した家庭裁判所 |
| 添 付 書 類 | 売買契約書案<br>売買代金が適正であることがわかる資料（土地評価調書等） |

　権限外行為の許可申立てを行うに当たり、市町村が用地取得のために不在者財産管理人との間で売買契約を締結する場合には、売買契約書案や売買代金が適正であることがわかる資料（土地評価調書等）が必要です。また、買収の対象となる土地の所有者が死亡しており、不在者を含む相続人間で遺産分割協議を行う場合には、売買代金に関する資料を含む売買契約書案に加えて、遺産分割協議書案が必要となります。

　この申立てをするための費用としては、申立手数料として収入印紙800円分と、郵券が必要です（裁判所により郵券の額が違う場合がありますので事前に確認してください。）。

　権限外行為許可の申立てをしてから審判がされるまでは、必要な書類・資料が揃っていれば、1週間程度と思われます。

　不在者財産管理人の報酬については家庭裁判所の判断により、不在者の財産から支払われることになりますが、報酬の額は管理する財産の規模、行った職務の内容、管理の期間などによって異なります。

　なお、権限外行為許可の申立ては不在者財産管理人にのみ認められますので（民28）、不在者財産管理人の選任申立てと同時に権限外行為許可の申立てを行うことはできません。

## 5 不在者財産管理人と売買契約

　不在者財産管理人が上記のように家庭裁判所からの権限外行為の許可を得た後に、権限外行為の許可申立ての際に提出している売買契約書案と同様の内容の売買契約を締結し、残代金を支払い、固定資産税等の公租公課の清算をして取引を完了します。

## 6 登記申請

　現在の登記記録は所有者持分と氏名のみの表題登記ということですから、共有者全員で他の共有者と共に所有権保存登記をした上で、売買による所有権移転登記を嘱託する事になります。

　通常の登記申請であれば不在者財産管理人と共同で登記申請をすることになりますが、市町村が登記を嘱託する場合には、市町村は単独で嘱託することができます。その場合には、登記義務者の登記承諾書を添付し、登記義務者の印鑑証明書を添付することになります。

　この印鑑証明書は不在者財産管理人の個人の印鑑証明書若しくは家庭裁判所に提出している印鑑に対する家庭裁判所の証明書を添付することとなります。なお、この印鑑証明書については承諾書に関する印鑑証明書という扱いですので3か月という有効期限はありませんが、原本還付をすることはできません（不登規55①）。

　なお、通常の売買による登記であれば、登録免許税を1,000分の20（土地の売買の場合には、租税特別措置法により1,000分の15）を納付しなければなりませんが、市町村が登記権利者の場合には、登録免許税は非課税となっています（登税4）。

　また、市町村が登記権利者の場合には登記識別情報は通知されないのが原則ですので（不登規64①四）、登記識別情報が必要な場合には登記識別情報の通知を要するという事項を登記嘱託書に記載する必要があります。

182　　ケース　第1　権利部甲区

# Case 9　表題部所有者が単に「共有地」とされている土地の場合

　30年以上前に売主A（既に死亡）から土地を買い受け、以来資材置き場として利用してきましたが、初めて登記記録を確認したところ、この土地の地目は墓地で表題部所有者欄は単に「共有地」となっているだけでした。

## 処理の流れ

　本ケースは土地を買い受けて30年経過しているとのことですので、20年以上所有の意思をもって占有を継続していますから、取得時効（民162①）の要件を満たしていると思いますので、時効が完成しているものとして解決策を探ってみたいと思います。

　まず、表題部所有者として記載されている「共有地」の所有者を調査して、どのような共有関係なのかを明らかにする必要があります。

　共有関係が明らかになれば、表題部所有者の更正登記をした上で、表題部所有者を被告として時効取得による所有権確認の訴訟を提起して、勝訴判決を得て保存登記をすることができますが、所有者が明らかにならなかった場合には解決困難となりますので、その点も検討します。

ケース 第1 権利部甲区　　183

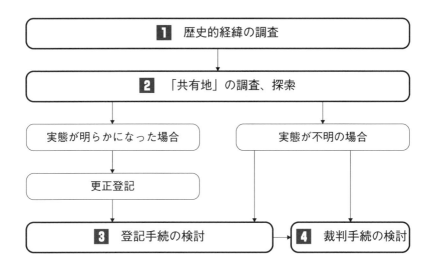

調査・解決の手続

### 1 歴史的経緯の調査

　表題部所有者「共有地」を理解するためには、現在の表題部登記の前身である土地台帳や更にその前の地券の当時まで遡る必要があります。地券も土地台帳も課税を主たる目的としたものでした。地券は明治5年に一般の土地すべてに発行されるようになり、明治22年に地券が廃止されて土地台帳に移行しています。土地台帳は当初、戸長役場の所管とされましたが、明治29年に税務署に移管され、その後、昭和25年の地方税法の改正により、課税台帳としての役割を終え、登記所に引き継がれました。昭和35年には不動産登記法が改正され、土地台帳が廃止され登記簿の表題部に一元化されました。これを台帳・登記簿一元化といいますが、この台帳・登記簿一元化作業には約10年かかったようです。

　問題は、一元化の際に未登記だった土地は、土地台帳に記載があれ

ば、登記簿表題部を新設して、土地台帳の所有者の記載、例えば、「大字何」、「共有者」など、不動産登記では許容されないようなものまで、そのまま表題部所有者欄に移記してしまったことです。今回の「共有地」も同様に移記されたものと思われます。

　土地台帳に、「大字何」、「共有者」など記載されていたものは、江戸期から続く村や部落あるいは氏族の入会地（総有）であったものが多いといわれています。墓地については、明治4年に寺院境内地以外の寺院領が官有地とされましたが、その際、官による没収を逃れるために寺社の檀家共有墓地として「共有地」として登録したものや、明治8年に官有墓地を人民共有墓地とした際に「共有地」として登録したものであったのかもしれません。

　「共有地」という所有者を特定していないものが出現した理由としては、明治以来、墓地が免租地（無税地）であったため、所有者を厳密に確定する必要がなかったからだといわれていますが、それ以外にも、代表者名を冠記して「○○外○名共有地」や「惣代○○共有地」とすることが適当でないような事情があったかもしれません。

## 2　「共有地」の調査、探索

　本ケースの「共有地」は共有者が明示されていませんが、本来は「何々の共有地」とすべきだったものではないでしょうか。例えば「○○村共有地」、「字○○共有地」、「○○部落共有地」、「惣代○○共有地」、「○○家共有地」などです。しかし、このような記載があったとしても所有者の探索は容易ではありません。さらに、本ケースのように、所有者を特定する「○○」が脱落しているものは、○○の可能性の分だけ調査の範囲を広げざるを得ず、探索は一層の困難が予想されます。

　「共有地」の調査項目としては、少なくとも次の点の調査が必要です。

①　入会地や墓地に関する学術書の調査

②　共有地に関する判例、先例の調査

③　市町村史、郷土史その他古文書の調査

④　市町村役場での聞き取り

⑤　集落代表者、自治会からの聞き取り

⑥　墓地開設当時の使用者名簿の調査

⑦　地縁団体台帳の調査

⑧　財産区台帳又は財産区に準ずる土地の記録簿の調査

⑨　登記事項証明書の取寄せ

⑩　公図、旧公図、地引絵図などの調査

⑪　古い写真や航空写真などによる調査

⑫　土地台帳の調査（税務署、市町村に副本があるかどうかも調査します。）

⑬　地券台帳（市町村の文書館にある可能性があります。）

⑭　古老への聞き取り、郷土史研究者からの聞き取り

⑮　自治会長や集落世話人などからの聞き取り

⑯　現地把握（利用状況、地形、その他）

⑰　明治期から続いている近隣寺社からの聞き取り等

### 3　登記手続の検討

　以上の調査、探索の結果、「共有地」の実態が明らかとなれば、それぞれの態様に応じて、当事者の協力を得て表題部所有者の更正登記を行った上で、保存登記をする、あるいは保存登記をした後、移転登記をして解決を図ることが可能です。当事者の協力が得られなければ訴訟を提起して、解決を図ることができます。ここでは、調査を尽くしても所有者が明らかにならなかった場合について、検討します。

　上記の場合、不動産登記法74条1項2号に基づいて所有権保存登記を

する方法を検討します。

　不動産登記法74条1項2号では、所有権保存を申請できる者は、「所有権を有することが確定判決によって確認された者」となっています。登記先例（平10・3・20民三552）では、表題部所有者として記載されている者全員を被告とするのが原則とした上で、「何某外何名」と記載されたいわゆる記名共有地については、記名されている何某のみを被告とした判決であっても差し支えないとしていますが、判決の理由の中で原告の所有に属することが証拠によって認定されていなければならないとしています。本件では、表題部所有者が明らかにならないのですから、表題部所有者を被告とすることができません。

　しかし、不動産登記法74条1項2号は、被告となる者を表題部所有者に限定していないので、必ずしも被告は表題部所有者でなければならないと解する必要はないとする見解（香川保一「新不動産登記法逐条解説(68)」登記研究688号119頁（2005））もあり、証拠調べをしない自白や被告欠席の判決でもよいとする意見（田中泰久「論説・解説　記名共有地の解消策の課題－保存登記のための判決の問題点を中心として」登記研究661号1頁（2003））もあります。

　実務では、「不動産の所有権を確認する判決における被告が当該不動産の表題部所有者と異なる場合であっても、原告は、その判決に因り所有権の保存登記ができるとするのが実務の取り扱いとなっている（登記研究210号53頁質疑応答）が、表題部所有者に所有権保存の登記の申請適格を認めていることを考慮すれば、無条件に前者の見解を受け入れることはできない」（高松法務局長秦慎也「不動産登記書式詳解(2)」登記研究826号6頁（2016））との立場だと思われます。

　「共有者」が明らかとならず被告を表題部所有者以外とせざるを得ない場合は、不動産登記法74条1項2号が被告を限定していないことや、他に方法がないことなどを説明し、登記所の登記官の理解を得ておく

ことが必要です。せっかく確定判決を得られたとしても登記官の判断次第では保存登記を受理してもらえない可能性があるからです。

## 4 裁判手続の検討

### (1) 被告適格の問題点

被告を誰にするか、被告は表題部所有者に限られるのかなど被告の適格性の判断は裁判所の裁判官の職権による判断事項とされています。表題部所有者欄「共有地」の土地を時効取得した原告が、所有者が不明であることを理由に国を被告として確認訴訟を提起した裁判では、表題部所有者欄に「共有地」と記載されているのであれば、所有者が存在したと推定されるから、無主地として国を被告とする訴えには、訴えの利益がないとしたものがあります（最判平23・6・3判時2123・41）。

単に「共有地」を被告にはできないので、例えば、土地台帳に記載されていた当時は、入会地としての共同墓地であった可能性が高いとして、入会地の可能性を示す資料を証拠として、法人格のない社団たる「共有者不詳の入会集団」を被告とし、民事訴訟法35条の特別代理人の選任を求める方法が考えられます。「氏名不詳者に対する訴えの提起は現行制度上予定されていないが、訴えの提起の必要があるのに、訴えの途を認めないことは許されない」（田中・前掲27頁）との見解もあります。ただし「共有地」の実態が明らかにならない以上、八方手を尽くして探索しても共有者を特定できなかったことを裁判官に訴えても、「氏名不詳共有地」を被告とすることを理解してもらうことは無理でしょう。

そこで、「必ずしも被告は表題部所有者でなければならないと解する必要はない」との見解があることは前述しました。この見解の注で、例えとして、表題部所有者甲から買い受けた乙から更に丙が買い受け

て、乙を被告として丙が勝訴の確認判決を得た場合、その判決による所有権の保存の登記の申請を認めて差し支えないとしています。本ケースに当てはめれば、売主Aの相続人を被告とすることになります。その際も、相続人に被告適格があるかが問題になりますが、「共有地」の所有者探索の努力をしたが明らかにならなかったことを主張し、他に方法がないことを説明すれば、相続人を被告とすることは認められると考えます。

(2) 結論として

以上のとおり、表題部所有者が明らかとならなかった場合、検討すべき課題が多く、解決には困難も伴いますが、解決のために最も重要となるカギが「共有地」の実態調査であることは間違いありません。誰がしてもこれ以上不可能と思われるくらい徹底した調査や探索を尽くした後でなければ、登記所の登記官や裁判官の理解を得ることが難しいからです。調査を尽くした上であれば、理解ある処理を登記官並びに裁判官に期待できると考えます。

ケース　第1　権利部甲区　　　189

# Case10　集落住民による共有の入会林野の場合

　自治体が、買収を予定している土地を調査したところ、登記記録上の共有者が多数の山林でした。この土地は、現在も地域住民によって薪炭用の雑木が採取されています。

## 処理の流れ

　まず、当該土地の利用状況、そして登記記録に記載されている共有者はどのような人たちなのかといったことを調べる必要があります。

　本ケースでは現在も薪炭用の雑木が採取されており、登記名義は多数の共有者となっていることから、この土地は集落の入会林野であると考えることができます。入会林野であれば、「入会林野等に係る権利関係の近代化の助長に関する法律」(以下「入会林野等近代化法」といいます。)を活用することができるかもしれません。

　入会林野とは、入会権の目的となっている土地で主として木竹の生育に供され又は採草若しくは家畜の放牧の目的に供されるもの(入会林野2①)をいいます。その土地の利用状況や歴史的背景、また納税の状況等を近隣の住民から聴取したり、役所に保管している資料を閲覧したりするなどして、この土地が入会林野であるかどうかを確認していきます。そして、入会林野であると判明した場合は、入会林野等近代化法を活用することを検討します。

ケース　第1　権利部甲区

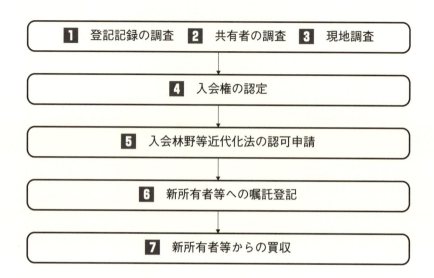

### 調査・解決の手続

#### 1 登記記録の調査

　最初に、登記記録を調査することになりますが、現在の登記記録では地目が山林であり、共有者が多数ということですので、その共有者の移転形態を見ることになります。

　現在の登記簿はコンピュータ化された登記記録でしょうから、証明書は登記事項証明書となります。そこで、コンピュータ化前の閉鎖登記簿を調査して、古くからの所有権の動向を確認します。そして、所有者の住所や、所有権の移転登記に共通項がないか調査するという点がポイントとなります。

#### 2 共有者の調査

　入会権そのものは登記をすることはできませんが（不登3）、共有の性質を有する入会権（民263）については、入会権者は共有者として登記

されていることが一般的ですので、その住所に1つの地域性があれば、その地域における入会権であると推測することができます。

なお、共有の性質を有しない入会権（民294）については、他人の土地を利用する権利のみがあるということが推測され、その場合には、所有者と利用権者（入会権者）は相違するということになります。

## 3 現地調査

現地調査を行った結果、土地は現在も地域住民によって薪炭用の雑木が採取されているということですので、地域住民に昔からそのように薪炭用の雑木を採取していたのかどうかを聞き取り、また、当該土地から離れていった人については、その雑木の採取をすることはできないということを確認する必要があります。

## 4 入会権の認定

上記のように登記が所有形態の実体関係を伴うものである場合には、入会権を認定することができるものと思われますが、入会権の存在を認めつつ所有権移転登記を行う場合には、慣習上の権利が付着した権利を取得することになりますので、入会権を消滅させ、純粋な所有権として移転する必要があります。そこで入会林野等近代化法の適用を検討します。

## 5 入会林野等近代化法の認可申請

(1) 入会林野整備の実施手続

入会林野整備は、その対象となる入会林野に係る全ての入会権者が、その全員の合意によって、入会林野整備に要する経費の分担方法、代表者の選任方法、代表権の範囲、事務所の所在地等を内容とする規約及び入会林野整備に関する計画を定め、当該計画書を当該入会林野の

所在地を管轄する都道府県知事に提出し、その認可を受けて行うことができるとされています（入会林野3）。

(2)　入会林野整備計画の内容

入会林野整備計画の内容としては、入会林野等近代化法4条1項各号に記載されていますが、主なものは下記のとおりです。

① 　対象とする入会林野たる土地の所在、地番、地目、面積

② 　対象入会林野に係る全ての入会権の内容並びに全ての入会権者の氏名及び住所

③ 　対象入会林野につき入会権を消滅させることに伴い所有権又は地上権、賃借権等を取得させるべき各入会権者の氏名及び住所、当該各入会権者に取得させるべき権利の種類等

これらを内容とした入会林野整備計画を策定し認可申請を行うのですが、認可申請をしようとする入会権者は、利害関係人（登記上の名義人等）の同意を得なければなりません（入会林野5）。

そして、以下の書類を都道府県知事に提出することによって認可の申請を行います。

| 作 成 書 類 | 入会林野整備計画書 |
| --- | --- |
| 申　請　者 | 入会林野を整備しようとする入会権者の代表者 |
| 提　出　先 | 当該計画に係る入会林野の所在地を管轄する都道府県の林政担当課 |
| 添 付 書 類 | ① 　規　約<br>② 　入会権に係る慣行を記載した書面<br>③ 　利害関係人（登記上の名義人等）の同意があったことを証する書面<br>④ 　入会林野の所在地を管轄する市町村長の意見書 |

⑤ 入会林野整備計画に係る土地の一部又は全部が農地等である場合には農業委員会の意見書

⑥ 入会林野整備計画に係る土地の利用について法令の規定による制限がある場合には、当該法令の施行について権限を有する行政機関の意見書

⑦ その他農林水産省令で定める書類として以下のもの

　㋐ 入会林野の沿革及び現況を記載した書面

　㋑ 入会林野の位置を示す地図

　㋒ 入会林野整備計画において定める土地の利用に関する計画の概要を示す図面

　㋓ 入会林野たる土地の登記事項証明書等

（上記④～⑥に掲げる意見書は、意見を求めた日から40日を経過しても、これを得ることができなかったときは、その意見書を得ることができなかった事情を明らかにした書面を添付すれば足りることとされています（入会林野5④）。）

(3)　申請後の処理

　都道府県知事は、認可の申請があった場合には詳細な審査を行い、認可の申請を適当とする旨の決定をしたときは、遅滞なくその旨を公告します（入会林野6）。そして、異議の申出がなかった場合には入会林野整備計画を正式に認可します（入会林野11①）。

### 6　新所有者等への嘱託登記

　都道府県知事は、入会林野整備計画を認可したときは、遅滞なくその旨を公告するとともに、当該認可に係る入会林野整備計画を記載した書面を管轄登記所に送付しなければなりません（入会林野11③）。そして、その公告がなされた日限り、全ての入会権等が消滅し、その公告があった日の翌日において入会林野整備計画書に基づいて所有権が

移転し、又は地上権、賃借権等が設定されます（入会林野12）。

　また、都道府県知事は公告をしたときは、遅滞なくその公告をした入会林野整備計画に係る土地についての必要な登記を嘱託しなければならないとされており（入会林野14②）、公告があった後においては、その公告があった入会林野整備計画に係る土地に関しては、上記の登記がされるまでは、確定日付のある書類によりその公告前に登記原因が生じたことを証明しなければ、他の登記をすることができないこととされています（入会林野14④）。

　この登記の嘱託をする場合には、一般的な嘱託書記載事項のほか、「入会林野等近代化法14条2項の規定により登記の嘱託をする旨」並びに「所有者が登記名義人と同一人でないときは、当該所有者の氏名又は名称及び住所」を嘱託情報の内容とすることとされており（入会林野登記令4①）、その場合、登記義務者が登記記録上と一致しなくても却下されないこととされています（入会林野登記令4②）。なお、必要があるときは都道府県知事は、所有者に代わって入会林野整備計画に関係のある土地の分割又は合併の手続（入会林野14①）や、次に掲げる登記をそれぞれ定める者に代位して嘱託することができることとされています（入会林野登記令2）。

| 代位登記 | 被代位者 |
| --- | --- |
| 土地の表題登記 | 所有者 |
| 土地の表題部の登記事項に関する変更の登記又は更正の登記 | 表題部所有者若しくは所有権の登記名義人又はこれらの相続人その他の一般承継人 |
| 登記名義人の氏名若しくは名称又は住所についての変更の登記又は更正の登記 | 登記名義人又はその相続人その他の一般承継人 |

| 所有権の保存の登記 | 表題部所有者又はその相続人その他の一般承継人 |
|---|---|
| 相続その他の一般承継による所有権の移転の登記 | 相続人その他の一般承継人 |

つまり、入会林野整備計画が最終的に認可されれば、当事者の登記申請を待たずに入会林野整備計画に記載されたとおりの権利者の名義に変更する登記が、都道府県知事の嘱託によって遅滞なくなされるので、自治体としては、登記名義人との買収交渉を進め、最終的に自治体名義にする所有権移転登記のみを行えばよいということになります。

## 7 新所有者等からの買収

(1) 入会林野等近代化法の活用の効果

この入会林野等近代化法に定められた諸手続を行うことによって、多数の共有者の登記名義を、都道府県知事の嘱託により、現在の入会権者の登記名義に変更することができます。

都道府県知事の嘱託登記には、前記のとおり、前提登記としての表題登記や相続登記をすることも予定されていますので、未登記の不動産についても登記がされた上で、現在の実体関係と一致した登記名義人と買収交渉をし、売買契約を締結することによって、最終的には自治体名義へと所有権移転登記をすることが可能となります。

(2) 入会林野等近代化法を活用するメリットとデメリット

メリットとしては、前記のとおり、入会林野整備計画が認可されれば必要な登記は全て都道府県知事の嘱託によって遅滞なく行われるということでしょう。これにより、その後の手続が大変スムーズに進み

ます。また、入会林野整備計画は収用等とは異なり、買収予定の土地以外の土地に関しても計画に盛り込めば実態に即した名義変更を行えるということも大きなメリットだと思います。これにより現在の入会権者の協力が得られやすくなるのではないでしょうか。

デメリットとしては、現在の入会権者全員の協力が必要ということと、登記名義人の同意が必要ということでしょう。

やはり、全員の協力というのは、ハードルが高い部分もあるかもしれません。

ケース 第1 権利部甲区 197

# Case11　相続未登記の農地を賃借する場合

　土地を借りて農業をしたいのですが、その土地の登記名義人は既に死亡しており、いまだ相続登記がされていません。

## 処 理 の 流 れ

　農地に関する相続人の調査については、まずは不動産登記記録を調査し、そこから登記名義人の住所を基に住民票及び戸籍の調査をし、相続人を確定した上で、農業委員会の許可を得て、相続人との賃借権設定契約をすることになります。なお、農業委員会への許可申請の前に現在の所有者への相続による所有権移転登記を申請しなければならないので、その点に注意を要します。

　また、農地台帳による調査が有効なことは後述しますが、農地台帳や農地の賃借権設定に関しての詳細はＱ19を参照してください。

ケース 第1 権利部甲区

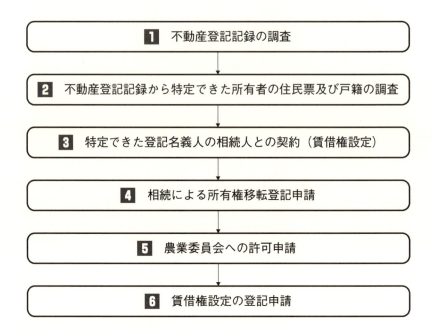

調査・解決の手続

**1 不動産登記記録の調査**

　調査対象であるその土地の地番について法務局（登記所）で登記事項証明書と不動産登記法14条地図の写しをとることになります。現在は登記記録や地図についてはコンピュータ化されていますので、インターネットでそれらの登記情報を入手することも可能ですが、所有者が不明な場合の調査については、コンピュータ化される以前の登記簿や土地台帳などを直接法務局まで行き調査する必要がある場合もあります。

**2 不動産登記記録から特定できた所有者の住民票及び戸籍の調査**

　登記記録で所有者が特定できた場合には、その所有者と賃貸借契約を締結することになりますが、本ケースのように死亡している場合に

ついては、その相続人を調査しなければなりません。相続人の調査については、まず、登記記録上の住所・氏名から住民票の写し（本籍付）を申請し、そこで判明した本籍の戸籍謄本（戸籍全部事項証明書）を請求することになります。戸籍謄本（戸籍全部事項証明書）の記載から相続人を調査し、次に相続人の戸籍の附票を請求することになります。これで、相続人の住所・氏名が判明することになりますが、その土地を借りたいという人は、その時点では他人ですので、住民票や戸籍謄本（戸籍全部事項証明書）について請求することはできません（不在者財産管理人の選任申立権等に関して利害関係人として認めるべきとして法改正の検討事項とされているところです。）。

　その場合には農地台帳により所有者を特定し、その人に連絡をとって、相続人の確定や相続による所有権移転登記の申請をしてもらうという方がより現実的かもしれません。

　農地の相続等については農地法上の許可が不要なので、農地台帳に相続人は記録されませんでしたが、平成21年の農地法改正により相続による所有権移転等の場合に農業委員会への届出が必要となりましたので（農地3の3）、農業委員会の窓口で農地台帳について閲覧することにより所在、地番、地積、所有者、耕作者、賃借人等の氏名・名称が判明します。

　台帳調査による場合は、農地台帳に記載されている相続人に対して相続による所有権移転登記を促し、賃借権設定契約を締結するということになります（相続の届出がなされない場合も現実にはありますので、必ず相続人が判明するとはいえませんが、届出義務違反者には10万円以下の過料が科されることとなっています（農地69）。）。

### 3　特定できた登記名義人の相続人との契約（賃借権設定）

　相続人が判明した場合には、その相続人と賃借権設定契約を締結することになりますが、農地を賃借する場合には、農地法3条の許可を農業委員会から得なければならないので、許可申請の前提として現在の

所有者への相続による所有権移転登記を申請しなければなりません。

## 4 相続による所有権移転登記申請

　相続による所有権移転登記の場合には、農地法3条の許可は不要ですので、通常の相続による所有権移転登記を相続人からの単独申請によりすることができます。

## 5 農業委員会への許可申請

　相続による所有権移転登記を完了した後に登記名義人と共同で、前述の農地法3条許可申請をすることになります。

　申請を受けた農業委員会は、市町村に照会をし、市町村の意見を聞いた上で許可をすることになります（農地3）。その許可については行政行為ですので、許可書が申請人に到達した時に許可の効力が生じることになります。

| 作 成 書 類 | 農地法第3条の規定による許可申請書 |
|---|---|
| 申 請 者 | 賃貸人・賃借人の双方 |
| 提 出 先 | 農業委員会 |
| 添 付 書 類 | 土地の登記事項証明書<br>賃借人が法人の場合は定款等の写し |

## 6 賃借権設定の登記申請

　賃貸人との賃借権設定契約に対する農業委員会の許可があった場合には賃借権設定の登記を申請することになりますが、賃借権設定登記をしなくても農地の場合には、引渡しにより対抗力を生ずることになりますので、一般的には賃借権設定の登記は申請しない場合が多いと思われます（農地16）。

| ケース | 第1　権利部甲区

## Case12　買収予定の土地が地区住民の共有名義となっている場合

　ある自治体が、買収を予定している土地の登記記録を調査したところ、同じ地区内に居住する数十名の住民の共有名義でした。

| 処 理 の 流 れ |

　最終的に土地を買収し自治体の名義とするには、まず、この土地がどのような性質を持った土地なのか、そして登記記録に記載されている共有者の属性はどうなのかといったことを調べる必要があります。それによって、とり得る解決手段が変わってくる可能性があるからです。そして調査の結果から最善の解決方法を選択していくことになります。ここでは、この土地が調査の結果いわゆる一般的な「共有」ではなく、地区の所有物（いわゆる「総有」）であったことが判明した場合の処理方法について考えていきます。

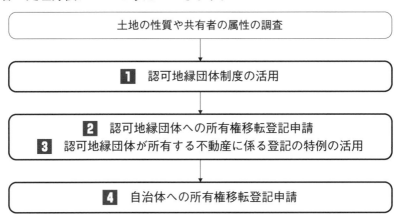

〔認可地縁団体が所有する不動産に係る登記の特例の手続の流れ〕
（3関連）

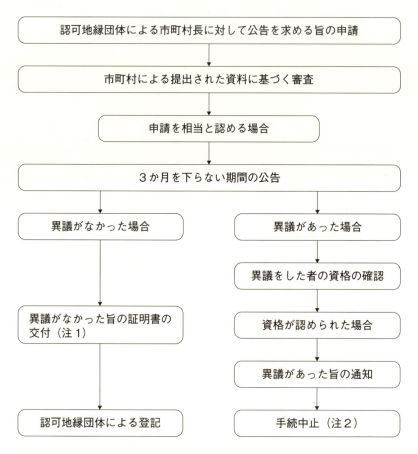

（注1） この証明書を添付することにより認可地縁団体は単独で所有権移転登記を申請することができます。
（注2） この後は、認可地縁団体と異議を述べた者との間で協議をし、解決方法を模索することとなります。

| ケース | 第1 権利部甲区 | 203 |

## 調査・解決の手続

　土地の性質や共有者の属性については、その土地の歴史的な背景、納税の状況、土地の利用方法などに関する資料を役所等で調査し、さらに、地元住民（できればその地域の歴史に詳しい長老的な人物）から聞き取りを行うことで、調べていきます。例えば、その土地は昔、地域住民が共同で使用していた「ため池」であったというようなことが判明し、登記記録に記載されている共有者もその地域の住民全員であったというようなことが判明した場合には、その土地は個人個人で所有するというよりも、その地区全体で管理所有する土地であるということになると思います。このような場合に最終的に買収した自治体の登記名義にするには「認可地縁団体」制度を活用することが考えられます。

### 1　認可地縁団体制度の活用

　従来は、自治会や町内会等の地縁団体が実質的に所有している不動産であっても、これらの団体には法人格がないため、団体名で登記することは認められず、便宜上、代表者個人の名義やその団体の構成員全員の共有の名義で登記するしかありませんでした。

　しかし、このような方法で登記された不動産は、個人の財産なのか団体の財産なのかが区別できないため、代表者個人の名義で登記した場合には、登記名義人の死亡後、その相続人が相続財産と誤解して処分してしまったり、また、相続人と団体との間で所有権の争いが生じたりするなどの問題が起こっていました。

　また、団体の構成員全員で登記された場合にも、時が経つにつれて、その共有者の中には行方が分からなくなる者が出てきたりと、やはり様々な問題が生じていました。

こうした問題を解決するために、平成3年に地方自治法の一部が改正され「一定の区域に住所を有する者の地縁に基づいて形成された団体」が「地域的な共同活動のための不動産を保有するため市町村長の認可を受けたとき」は、法人格が付与され、不動産の所有名義となることができるようになりました（自治260の2）。この法人格を有する団体が「認可地縁団体」です。

## ２ 認可地縁団体への所有権移転登記申請

　地方自治法に定める一定の要件を満たせば市町村長は認可をしなければならないと定められていますので（自治260の2⑤）、地縁団体が認可を受けることはそれほど困難なことではないと思われます。ところが、登記名義を代表者個人又は構成員全員の共有名義から「認可地縁団体」の名義にするには、認可地縁団体を登記権利者、登記名義人全員（相続が発生している場合にはその相続人全員）を登記義務者とする所有権移転の方法によらなければなりません。このような土地の場合には登記名義人から数次にわたり相続が発生している場合が多く、登記義務者たる登記名義人の相続人全員を特定することは難しい場合が少なくありません。また、仮に全員を特定できたとしても、中には行方が分からない人がいたり登記に非協力的な人がいたりして、全員が登記に関与することは極めて困難で、せっかくの「認可地縁団体」制度を活用できないことがほとんどでした。

## ３ 認可地縁団体が所有する不動産に係る登記の特例の活用

　そこで、認可地縁団体制度を活用しやすくするため、新たに平成26年に地方自治法の一部が改正され「認可地縁団体が所有する不動産に係る登記の特例」（自治260の38・260の39）が創設されました。これには、次の4つの要件を満たす必要があります（自治260の38①）。

① 当該認可地縁団体が当該不動産を所有していること
② 当該認可地縁団体が当該不動産を10年以上所有の意思をもって平穏かつ公然と占有していること
③ 当該不動産の表題部所有者又は所有権の登記名義人の全てが当該認可地縁団体の構成員又はかつて当該認可地縁団体の構成員であった者であること
④ 当該不動産の登記関係者の全部又は一部の所在が知れないこと

　これらの要件を満たした認可地縁団体は、市町村長に対し、当該認可地縁団体が当該不動産に対し所有権保存登記又は所有権移転登記をすることについて異議がある登記関係者は異議を述べるべき旨を公告するよう申請することができ（自治260の38①②）、これに基づき市町村長が公告をし、異議が出されなければ、登記関係者は認可地縁団体が当該登記をすることについて承諾したものとみなされます（自治260の38③）。そして市町村長が発行した登記関係者が異議を述べなかったことを証する情報を添付することにより、認可地縁団体は所有権保存の登記又は単独で所有権の移転の登記をすることができるというものです（自治260の39）。

　この制度ができたことにより、登記名義人の一部に所在不明な者がいる場合にも、スムーズに認可地縁団体への名義変更ができるようになりました。

## 4　自治体への所有権移転登記申請

　上記制度を利用し、買収予定の土地が認可地縁団体名義となった後に、自治体は当該認可地縁団体と売買契約を締結し、当該認可地縁団体の協力を得て所有権移転登記をすることによって登記名義を取得することとなります。

206 ケース 第1 権利部甲区

## Case13 表題部所有者が「○○他○○名」となっている土地について認可地縁団体が時効取得する場合

土地の登記事項証明書を取得したところ、表題部所有者が「○○他○○名」となっています。この土地は当該地域の自治会館の敷地となっています。

### 処理の流れ

登記記録上の名義人が「○○他○○名」となっている土地を記名共有地といいます。この場合、閉鎖登記簿に付属の共同人名票もなく、共有者全員を把握することができません。

このような事例では、表題部所有者の承諾を得て表題部所有者の更正登記を申請することや、所有権確認訴訟による勝訴判決を得て登記名義を取得することが考えられますが、そもそも表題部所有者全員が明らかでないため、これらの方法を選択できないことが多いと思われます。

そこで、平成26年の地方自治法の一部改正により創設された「認可地縁団体が所有する不動産に係る登記の特例」(以下「本件特例」といいます。)を活用して、当該土地を認可地縁団体名義にすることを検討することになります。この制度を利用すると認可地縁団体が不動産を時効取得したのと同じ効果が期待できます(**Case12**参照)。

### 調査・解決の手続

本件特例に関しては以下の行政先例が発せられており、地方自治法に関する実体手続に関しては①、その登記手続に関しては②をご参照ください。

なお、本文中「課長通知」と記載しているのは①の総務省課長通知のことです。

① 　平成27年2月27日総行住19号総務省自治行政局住民制度課長通知

② 　平成27年2月26日民二124号法務省民事局長通達

---

地縁による団体が認可を受けるための下記要件を満たしているか（自治260の2②）

① 　その区域の住民相互の連絡、環境の整備、集会施設の維持管理等良好な地域社会の維持及び形成に資する地域的な共同活動を行うことを目的とし、現にその活動を行っていると認められること

② 　地縁による団体の区域が、住民にとって客観的に明らかなものとして定められていること

③ 　その区域に住所を有する全ての個人は、構成員になることができるものとし、その相当数の者が現に構成員になっていること

④ 　規約を定めていること

---

↓

---

認可申請（自治260の2①②、自治規18①）

【必要書類】

① 　認可申請書（後掲〔参考〕参照）

② 　規　　約

③ 　認可申請することを議決した総会議事録

④ 　構成員の名簿

⑤ 　保有資産目録、保有予定資産目録

⑥ 　その区域の住民相互の連絡、環境の整備、集会施設の維持管理等良好な地域社会の維持及び形成に資する地域的な共同活動を現に行っていることを記載した書面

⑦ 　申請者が代表者であることを証する書類

---

↓

---

認可・市町村長による告示（自治260の2⑩）

208 　|ケース|　第1　権利部甲区

↓

認可地縁団体による公告を求める旨の申請手続（自治260の38①、自治規22の2①）

【必要書類】
① 　登記名義を取得しようとする不動産（以下「申請不動産」といいます。）の登記事項証明書
② 　保有資産目録、保有予定資産目録（目録に申請不動産の記載がない場合には、申請不動産の所有に係る事項について総会で議決したことを証する書面）
③ 　申請者が代表者であることを証する書類
④ 　申請不動産に関する疎明事項及び疎明資料
　⑦ 　申請不動産を所有していること
　④ 　当該認可地縁団体が申請不動産を10年以上所有の意思をもって平穏かつ公然と占有していること
　　　課長通知では、公共料金の支払領収書、閉鎖登記簿謄本（閉鎖登記事項証明書）、旧土地台帳の写し、固定資産税の納税証明書、固定資産課税台帳の記載事項証明書等が疎明資料として挙げられていますが、そのような疎明資料がない場合には、地域の実情に精通した者等の証言書類、占有を証明する写真、資料が入手困難である理由書を提出させることが適当とされています。
　　※認可地縁団体が10年以上申請不動産を占有していることは、法改正から10年経過していないため考えられません。これは、認可を受ける前から、地縁の団体としての占有期間を含め10年以上と解釈するべきです。
　⑦ 　申請不動産の表題部所有者又は所有権の登記名義人の全てが当該認可地縁団体の構成員又はかつて当該認可地縁団体の構成員であった者であること
　　　課長通知では、認可地縁団体の構成員名簿、市町村が保有する地縁団体台帳、申請不動産が墓地であるときは、墓地の使用者名簿等が疎明資料として挙げられていますが、そのような疎明資料がない場合には、その他、地域の実情に精通した者等の証言書類、資料が入手困難である理由書を提出させることが適当とされています。

ケース 第1 権利部甲区 209

㈢ 申請不動産の登記関係者の全部又は一部の所在が知れないこと

課長通知では、市町村長が登記記録上の名義人の住民票、住民票除票が存在しないことを証明した書類（不在籍・不在住証明書等）、登記記録上の名義人宛の配達証明郵便が不到達であったことを証明する書類、地域の実情に精通した者が登記関係者の現在の所在を知らないことを証言した書類が疎明資料として挙げられています。

※「申請不動産の登記関係者の全部又は一部の所在が知れないこと」とは、「全部の所在が知れていること以外は全て含まれる」ということに注意するべきです。登記関係者の全部の所在が知れている場合には、登記関係者全部から認可地縁団体への所有権移転登記の協力を得なくてはなりません。つまり、このような場合には、登記関係者が1人でも認可地縁団体への所有権移転に反対すれば、本件特例を活用することができなくなります。

↓

**市町村長の公告手続**（自治260の38②）

市町村長は、「認可地縁団体が申請不動産の所有権の保存又は移転登記をすることについて異議のある申請不動産の登記関係者又は申請不動産の所有権を有することを疎明する者は、市町村長に対し異議を述べるべき旨」を公告します。この公告期間は、3か月以上とされています。

| 異議があった場合 | 異議がなかった場合 |
|---|---|
| 市町村長は、異議を述べた者の資格要件を確認し、資格が認められたときは、当該地縁団体に通知を行い手続は中止されます（自治260の38⑤）。 | 当該公告に係る登記記録上の名義人の承諾があったものとみなされ、当該市町村長が証する情報を当該認可地縁団体に提供します（自治260の38③④）。 |

**登記の申請**

## 〔参考〕認可申請書

平成○年○月○日

○○市長　殿

地縁による団体の名称及び主たる事務所の所在地

名　称＿＿＿○○会＿＿＿＿＿＿＿＿＿＿＿＿

所在地＿＿＿○○県○○市○○町○丁目○番○号＿

代表者の氏名及び住所

氏　名＿＿＿○○○○＿㊞＿＿＿＿＿＿＿＿＿＿

住　所＿＿＿○○県○○市○○町○丁目○番○号＿

認可申請書

　地方自治法第260条の2第1項の規定により、不動産又は不動産に関する権利等を保有するため認可を受けたいので、別添書類を添えて申請します。

（別添書類）

1　団体の規約
2　認可を申請することについて総会で議決したことを証する書類
3　構成員の名簿
4　保有資産目録又は保有予定資産目録
5　良好な地域社会の維持及び形成に資する地域的な共同活動を現に行っていることを記載した書類
6　申請者が代表者であることを証する書類

ケース 第1 権利部甲区 211

# Case14 買収予定の土地が「A他○○名」の表題登記しかされていない場合

　ある自治体が、道路の用に供するため買収を予定している土地を調査したところ、登記記録は表題部のみであり、その表題部には「A他○○名」と記載があるのみで、共有者全員の住所・氏名は登記されていませんでした。

## 処 理 の 流 れ

　自治体の登記名義にするには、まず、共同人名票や旧土地台帳などによって、表題部に記載された共有者全員が誰なのかを特定することができるかどうか調査します。その結果、共有者全員が特定できた場合と特定できなかった場合に分けて検討していく必要があります。

　共有者全員を特定することができた場合ならば問題はありませんが、共有者を特定することができなかった場合には、判決による登記若しくは表題登記の更正登記によって手続をすることとなります。

ケース 第1 権利部甲区

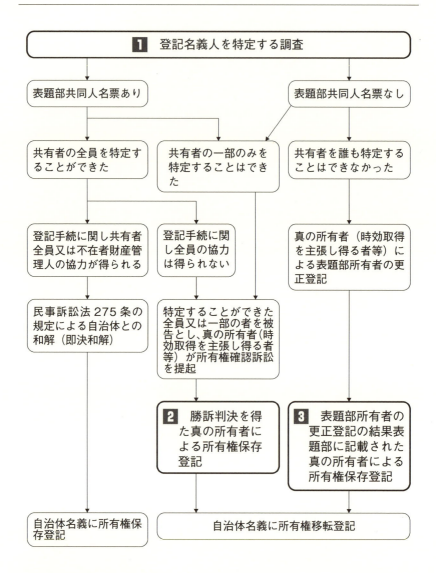

調査・解決の手続

**1** 登記名義人を特定する調査
　紙の登記簿の時代には、表題部登記用紙の表題部所有者について5

名以上の場合は、共同人名票を作成していました。表題部登記用紙には「A他○○名」とのみ記載し、共同人名票に全員の住所・氏名・持分を記載していました。初めから共同人名票がある場合には問題ありませんが、登記簿の台帳の一元化作業において税務署から移管された台帳に「A他○○名」と記載してあり共同人名票がなくなっている場合には、登記記録も同様の記載をせざるを得ず、そのような場合には、本ケースのような表題部所有者が「A他○○名」ということとなってしまいます。

　本ケースでの調査の手順はまず、氏名の判明しているAについて調査します。Aについても住所が記載されていないのでAについての戸籍謄本（戸籍全部事項証明書）や住民票をいきなり取得することは困難かと思いますが、昔は本籍地と住所が一致しているときがあり、本籍地は、屋敷番や地番と一致しているときがありましたので、登記記録の不動産の所在で住民票や戸籍謄本（戸籍全部事項証明書）を申請してみると、証明が得られる場合があります。

　証明が得られず、住所が不明のままの場合には、その土地の所在地周辺の住民への聞き取り等を丁寧に行い、Aを知っている者やAの血縁に当たる者を探し出し、そこからA若しくはAの相続人の戸籍謄本（戸籍全部事項証明書）や住民票を取得していくことで特定するということになろうかと思います。

　そして、「他○○名」については、通常は法務局に共同人名票が備え付けられていますので、その共同人名票により調査します。

　共同人名票が法務局に備え付けられていない場合には、市役所、税務署、保健所等の他の官公署や地元のお寺等に共有者を推測することができるような資料がないか調査していくことになります。ただ、実際は「他○○名」は共同人名票が備え付けられていなければ、ヒントになる氏名すら判明しないのですから、特定することは極めて困難と

言わざるを得ないでしょう。ここでは、このような場合の解決方法として考えられる2つの方法を紹介したいと思います。

## 2 勝訴判決を得た真の所有者による所有権保存登記

### (1) 判決による所有権保存の登記の取扱い

不動産登記法74条1項2号には「所有権保存登記」を申請できる者として「所有権を有することが確定判決によって確認された者」とあります。通常、判決に基づいて所有権保存登記を申請する場合には、真の所有者が表題部所有者全員を被告として所有権を確認する勝訴判決を得る必要がありますが、表題部に「A他○○名」としか記載のない土地（このような土地を「記名共有地」といいます。）の場合には「A他○○名」の全員（相続が発生している場合はその相続人全員）を特定することは極めて困難なので、表題部所有者として特定できた人のみ（例えば「A他30名」と記載された記名共有地であれば「A」のみ）を被告として所有権確認訴訟を提起し、その判決の中で「原告が真の所有者である」ことが証拠に基づいて認定されていれば、原告名義で所有権保存登記を申請することができるという先例があります（平10・3・20民三552）。

本ケースでも、この土地を長年自分の所有物と信じて占有してきた者（時効取得を主張し得る者）が存在し、その者の協力を得られるのであれば、所有権確認訴訟の原告になってもらい、勝訴判決を得、保存登記を経た上で、最終的にその者から自治体へ所有権移転登記を申請するという方法も考えられます。

判決による登記の関係でもう1つ別の方法を紹介したいと思います。

### (2) 民事訴訟法275条の規定による和解を利用する方法

不動産登記法74条1項2号によれば、「所有権を有することが確定判決によって確認された者」は所有権保存登記を申請することができま

す。この「確定判決」ですが、民事訴訟法267条には「和解調書」も「確定判決」と同一の効力を有すると規定されていますので、「和解調書」で所有権を有するものと確認された者も所有権保存登記を申請することができるということになります。

本ケースの場合では、自治体と表題部所有者のうち判明するAとの間で売買契約を締結した後、自治体が所有者であることを確認するという内容の民事訴訟法275条の規定による和解（いわゆる「即決和解」）の申立てを行い、その和解調書によって自治体名義の所有権保存登記を行うということになります。既に売買契約は成立し、所有者については当事者で合意されていますから、すぐに和解調書が作成され、これに基づき直接自治体の名義に所有権保存登記を申請することができるので、この方法を利用する価値はあると思います。

この方法は、国土交通省の「所有者の所在の把握が難しい土地に関する探索・利活用のためのガイドライン」にも紹介されており、表題部所有者を特定することはできたがその住居所が不明の場合には、表題部所有者の不在者財産管理人の選任を申し立て、不在者財産管理人が選任された後に家庭裁判所から権限外行為の許可を得て（権限外行為の許可は不在者財産管理人に対して行われるので、選任の申立てと同時に権限外行為の許可の申立てはできないこととされています。）、不在者財産管理人と即決和解をすることにより直接所有権保存登記をするというものです。

## 3 表題部所有者の更正登記の結果表題部に記載された真の所有者による所有権保存登記

不動産登記法29条1項には「登記官は、表示に関する登記について〔中略〕必要があると認めるときは、当該不動産の表示に関する事項を調査することができる。」とあり、また同条2項には「登記官は、前項の

調査をする場合において、必要があると認めるときは、〔中略〕当該不動産を検査し、又は当該不動産の所有者その他の関係者に対し、文書〔中略〕の提示を求め、若しくは質問をすることができる。」とあり、登記官には実質的な調査権限が認められています。「表題部所有者」も表題部の登記事項の一部ですので、その認定に関しても登記官には調査する権限があるのです。「表題部所有者の表示更正」の登記を申請し、申請書に記載された更正後の表題部所有者が申請書の添付書面から真の所有者だと認定できれば（つまり「A他○○名」という表題部所有者の表示が誤りであると認定できれば）、登記は受理され、表題部には真の所有者が記載されることとなります。

　「A他○○名」のAすら特定できず、所有権確認訴訟を提起する方法が使えない場合で、真の所有者と言えるべき者（長年自分の所有物と信じて占有してきた者等）がいる場合には、この表題部所有者の更正登記をする方法も選択肢の1つとなるでしょう。ただ、この方法で登記をするには、担当登記官の協力が不可欠です。他に取り得る方法がなく、かつ、公共事業遂行のためにどうしても自治体名義に登記をする必要があることをよく説明し、登記官の権限を積極的に行使してもらうよう促す必要があるでしょう。そして、どのような書面を準備したらよいか等について、綿密に打合せをしておかなければなりません。必要な添付書面は、更正後の所有者の所有権を証する書面と住所証明書ですが、所有権を証する書面として具体的には何を添付すればよいかは定まってはいません。登記官が所有者を認定するために必要と思われるもので現状入手できるものを、個々のケースに応じて全て添付するということになるでしょう。

## Case15 所有権移転仮登記がある場合

　A所有名義の土地は、AとBとの間で売買を原因とするBへの所有権移転仮登記がされた後、AからCへの売買を原因とする所有権移転登記がされています。その土地の一部が、今般、市の道路予定地となりました。

### 処理の流れ

　登記記録上対抗力を有しない仮登記の状態ですが、本件不動産の所有権は実体法上Bに移転していると考えられるので、Bとの買収交渉を行うことを前提として、①AからBへの所有権移転仮登記の本登記手続方法を検討します。また、②Bの仮登記を抹消できる場合には、Cとの買収交渉を行う方向で仮登記の抹消方法を検討することになります。

　いずれの場合でも土地の一部の売買なので測量をして買収部分の分筆登記が必要となりますが、分筆登記は売主の義務となりますので、それは上記①か②のどちらかを選択した後の手続となります。

①　Bへの所有権移転仮登記の本登記手続方法の検討

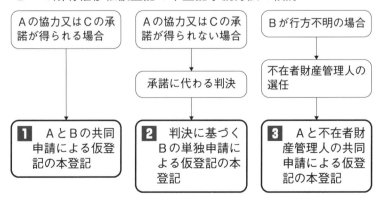

② Bの仮登記の抹消方法の検討

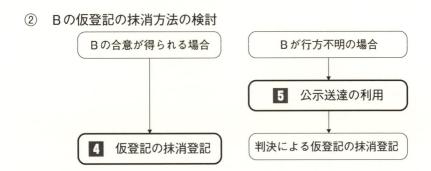

### 調査・解決の手続

仮登記には不動産登記法105条1号（1号仮登記）と同条2号（2号仮登記）の仮登記があり、本ケースの場合の1号仮登記は、既に物権変動が生じているが所有権移転登記を行うに当たって、一定の添付情報（不登規178）が提供できない場合に、仮登記権利者（この場合B）が順位を保全する目的で行う登記です。

対抗力のない仮登記であっても上記のとおり1号仮登記の場合は実体法上は所有者と推測されますので、原則としてBを所有者と判断して検討します（2号仮登記の場合はCを所有者と判断します。）。

AからCへの売買を原因とする所有権移転登記をしても、B名義の所有権移転仮登記は残されたままとなります。所有権移転仮登記は「順位保全の効力」があるからです。仮登記のままでは「対抗力」はありませんが、条件が調って所有権移転の本登記がなされると、仮登記をした日に遡り「対抗力」が生じます。その際に、仮登記より後順位の登記は職権抹消されます（手続的には本登記の際にCの承諾書を添付します。）。

### 1 AとBの共同申請による仮登記の本登記

Bを登記権利者、Aを登記義務者とする仮登記の所有権移転本登記

ケース　第1　権利部甲区　　219

申請を行います。Cの所有権は、この仮登記の本登記申請によってB
の所有権と併存できない権利となりますので、Bの仮登記の順位保全
効力により、抹消されることとなります。このように、仮登記に基づ
く本登記をする際に利害関係を有する第三者がいる場合には、当該第
三者の承諾があるときに限り本登記の申請ができますので、この本登
記の申請書にはCの本登記承諾情報を添付しなければなりません（不
登109①、昭40・12・25民事甲3711）。

　本登記がされると、Cへの売買を原因とする所有権移転登記は、職
権で抹消されます（不登109②）。

〔参考〕　Cの承諾書

---

名宛　B　承諾者　C（実印、印鑑証明書付）
承諾内容　後記不動産について、甲区2番の所有権移転仮登記（平成20年
　　　　　5月1日甲法務局受付第○○○号）の本登記申請をすることを承
　　　　　諾いたします。
　　　　　　なお、上記仮登記の本登記により、後記不動産の甲区3番のC
　　　　　への所有権移転登記（平成25年10月1日○○法務局受付第○○
　　　　　○号）が登記官により職権抹消されることについても、何ら異
　　　　　議はありません。

　　　　　　　　　　　　　　　　　　記

不動産の表示　〔省略〕　　　　　　　　　　　　　　　　　以　上

---

**2**　判決に基づくBの単独申請による仮登記の本登記

　**1**の場合に、Aが所有権移転本登記申請に協力しないときや、Cの
本登記承諾情報を添付できないときは、BはA及び（又は）Cを被告
として所有権移転仮登記の本登記手続請求訴訟を提起します。この請
求に基づく判決は、一定の内容の登記手続を命じる給付判決でなけれ

220 　ケース　第1　権利部甲区

ばなりません（明33・9・24民刑1390）。Bは、この確定判決等を登記原因
証明情報として添付し、単独で所有権移転仮登記の本登記申請を行う
ことができます（不登63①）。

| 作 成 書 類 | 訴状（仮登記の所有権移転本登記手続請求）（後掲 書式 参照） |
|---|---|
| 原　　　告 | B |
| 管轄裁判所 | ①　被告住所地を管轄とする地方裁判所（訴額により簡易裁判所）<br>②　不動産所在地を管轄とする地方裁判所（訴額により簡易裁判所）<br>③　当事者の合意した裁判所 |
| 添 付 書 類 | 訴状副本<br>書証等の証拠の写し<br>固定資産評価証明書 |

書式 訴状（仮登記の所有権移転本登記手続請求）

訴　　状

平成○年○月○日

○○地方裁判所　　御中

原　告　　B　　㊞

〒○○○−○○○○
○○県○○市○○町○丁目○番○号
原　告　　B
TEL　○○○−○○○−○○○○
FAX　○○○−○○○−○○○○

〒○○○−○○○○

　　　　○○県○○市○○町○丁目○番○号

　　　　　　　　　　被　告　　A

〒○○○−○○○○

　　　　○○県○○市○○町○丁目○番○号

　　　　　　　　　　被　告　　C

仮登記の所有権移転本登記手続請求事件

　訴訟物の価額　　金○○○○円
　貼用印紙額　　　金○○○○円

### 請求の趣旨

1　被告Aは、原告に対し、別紙物件目録記載の不動産について、平成20
　年5月1日売買（仮登記の売買日）を原因として、○○法務局平成20年5
　月2日受付第○○○号で登記された所有権移転仮登記に基づく本登記手
　続をせよ。
2　被告Cは、原告に対し、前項の登記手続をすることを承諾せよ。
との判決を求める

### 請求の原因

1　原告は平成20年5月1日被告Aから、被告A所有の別紙物件目録記載
　の土地を代金○○○万円、所有権移転登記は上記代金支払完了と同時
　にこれを履行するとの約定で買い受け、請求の趣旨1の仮登記をした。
2　そこで原告は平成○年○月○日までに代金全額を支払ったが被告A
　は上記約旨に反して被告Cに対し、平成25年10月1日売買を原因とする
　所有権移転登記を了した。
3　よって、原告は被告Aに対し、上記土地について、平成20年5月1日売
　買を原因とする所有権移転仮登記の本登記手続を、被告Cに対し、上記
　仮登記の本登記手続の承諾を求める。

### 証拠方法

1　甲1号証（土地登記事項証明書）
2　甲2号証（土地売買契約書）

3　甲3号証（代金領収書）

附属書類

1　訴状副本　　　　　　　2通
2　甲号証写し　　　　　　各3通
3　固定資産評価証明書　　1通

〔別紙　省略〕

## 3　Aと不在者財産管理人の共同申請による仮登記の本登記

### (1)　不在者財産管理人の選任

Bへの所有権移転仮登記の本登記手続をするに当たって、Bがここ数年来行方不明となっており容易に戻る見込みがない場合には、Bの不在者財産管理人選任の申立てをし（民25①）、選任された不在者財産管理人がAと共同して所有権移転仮登記の本登記手続を申請することになります。

| 作 成 書 類 | 家事審判申立書（不在者財産管理人選任） |
|---|---|
| 申 立 権 者 | 利害関係人A、Bの配偶者や推定相続人、検察官等 |
| 管轄裁判所 | 不在者の従来の住所地を管轄とする家庭裁判所（不在者の財産所在地を管轄する家庭裁判所でも申立てを受け付けることができる場合があります。） |
| 添 付 書 類 | 不在者の戸籍謄本（戸籍全部事項証明書）、戸籍の附票の写し<br>不在者財産管理人候補者の住民票の写し<br>不在の事実を証する資料<br>不在者の財産に関する資料<br>申立権者の利害関係を証する書面（登記事項証明書、売買契約書等） |

(2)　権限外行為許可申立て

Ｂの不在者財産管理人は、家庭裁判所から権限外行為の許可を得て（民28）、市の道路買収手続に協力していくことになります。

(3)　失踪宣告

不在者財産管理人による所有権移転仮登記の本登記手続がされた後、Ｂが行方不明になって7年以上が経過した場合には、不在者財産管理人や利害関係人からの申立てによるＢの失踪宣告をすることによって、Ｂは死亡したものとみなされますので（民30①・31）、Ｂの相続人への相続登記を申請することができます。

## ４　仮登記の抹消登記

(1)　通常の共同申請による抹消登記

権利者（仮登記義務者Ａ又は現在の所有者Ｃ（登記研究184号70頁））と義務者（仮登記の登記名義人Ｂ）との共同申請による抹消登記を申請します（不登60）。

(2)　仮登記名義人Ｂの単独申請による抹消登記

仮登記名義人Ｂが、仮登記をしたときの登記識別情報を添付して単独で所有権移転仮登記の抹消登記申請ができます（不登110前段、不登令8①九）。この場合、仮登記抹消登記申請の権利者であるＡ又はＣの承諾書の添付は必要ありません（昭42・12・27民三1405）。

(3)　利害関係人からの単独申請

権利者（仮登記義務者Ａ又は現在の所有者Ｃ）から、義務者（仮登記権利者Ｂ）の抹消承諾情報（Ｂの印鑑証明書付）を添付して、仮登記の抹消登記を申請できます（不登110後段、不登令別表⑦）。

## ５　公示送達の利用

Ｂの仮登記を抹消する正当な事由がある場合でも、仮登記権利者Ｂ

が行方不明で仮登記の抹消手続への協力が得られない場合には、A又はCは、Bを被告として所有権移転仮登記の抹消登記手続請求訴訟を提起し、「公示送達」の方法を利用して、被告Bへの訴状や判決の送達手続をとることができます。公示送達は、被告が行方不明で、その住所、居所、その他送達をすべき場所（営業所、事務所又は就業場所等）が知れない場合（民訴110①一）に、通常の調査方法を講じて探索したけれども判明しない場合の送達方法です。

| 作 成 書 類 | 公示送達申立書 |
|---|---|
| 申 立 権 者 | A又はC |
| 管 轄 裁 判 所 | 不在者の最後の住所地を管轄とする簡易裁判所 |
| 添 付 書 類 | 申立人（法人の場合）の資格証明書（3か月以内のもの）<br>相手方の住民票又は不在住証明書等（3か月以内のもの）<br>戻ってきた郵便物（封筒及び書類）<br>通知書の原本及び写し<br>住居所調査報告書（後掲〔参考〕参照）<br>到達証明申請書 |

公示送達は、上記の場合、裁判所の掲示板に掲示された時から2週間を経過した時に送達の効力が発生します（民訴112①）。

公示送達を経て、A又はCがBの所有権移転仮登記の抹消手続を認める給付判決を得た場合には、判決正本を添付して、A又はCが単独で仮登記の抹消登記申請をすることができます（不登63①）。

これによって、本件不動産のCの所有権を妨げる権利はなくなりますので、市はCとの道路買収手続を進めていくことになります。

上記いずれの方法を採るにせよ、仮登記が本登記されるか抹消登記

により瑕疵（仮登記による負担）のない土地となった後に、売買対象部分である分筆登記及び買収代金の支払をした方がよいでしょう。

## 〔参考〕住居所調査報告書

住居所調査報告書

受送達者　被告（B）

1　訴状記載の住居所について、下記調査の結果、居住の事実及び転居先を確認することができませんでした。

2　調査結果

① 調査した日時　平成○年○月○日午後○時

② 調査場所　被告の最後の住所地

※調査した最後の住所地を記載します。

③ 調査内容　表札、郵便受け、電気、ガスメーターの稼働状況

※実際に調査した内容を記載しますが、表札については本人の名前があるかどうかについて確認してください。また、郵便受けに郵便物が溜まっている状況や電気やガスメーターについては動いているかどうか、その回転スピードを記載し、不在の事実を証明します。この調査事項では④特記事項により被告の親族と面談したことになっていますので、「表札には被告の名前が記載されているが、被告は、居住していない」とか又は「表札には被告の名前が記載されていない」という記載をします。親族が住んでいますので、メーター等の状況は詳細に記載する必要はありません。

④ 特記事項

平成○年○月○日被告Bの親族との面談をした。

面談内容（家族構成、就業場所、行方不明時の状況等）

※面談によって聞き取った情報を詳細に記載します。

⑤ その他の特記事項

226 　ケース　第1　権利部甲区

# Case16　買戻特約の仮登記がある場合

　A公社が所有する土地について、Bを権利者とする所有権移転仮登記と同時に、Aを買戻権者とする買戻特約の仮登記がされているところ、Bの所有権移転仮登記の本登記をすることになりました。

## 処理の流れ

　所有権移転仮登記の本登記と、買戻特約の仮登記の本登記は、同時に申請しなければなりません。

　また、所有権移転仮登記を抹消することになった場合には、買戻特約の仮登記の抹消についても同時に、又は所有権移転仮登記の抹消登記より先に申請しなければなりません。

　買戻特約は、不動産の売買契約と同時に、売主が将来その売買契約を解除することができることを定め、買戻権を行使すれば売主がその所有権を取り戻すことができる契約です。その場合、売主は買主に、売買代金と契約費用（例えば測量費用、鑑定費用、印紙代、公正証書の作成費用等）を支払うことで、売買契約を解除することができます（民579）。公社や公団などが一定期間転売を防ぐ目的で設定されることが多い登記です。買戻権を行使できるのは契約から10年以内となっています（民580）。これは契約解除ができる不安定な状態を長く続けることは、不動産取引の安定を図る上で障害となるからです。買戻期間を経過するとその買戻権の効力は消滅しますが、買戻特約の登記の抹消を法務局に申請しなければ、買戻特約の登記は抹消されずに残ります。

　本ケースにあるような買戻特約の仮登記が認められるかについて

は、当該不動産の所有権移転の登記が不動産登記法105条1号の仮登記の場合には、当該所有権移転登記に付記して、仮登記をもってすることができるとされています（昭36・5・30民甲1257）。

所有権移転・買戻特約の仮登記の本登記をする場合

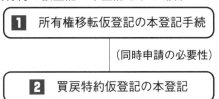

買戻特約の仮登記の抹消（**Case15**を参照）をする場合

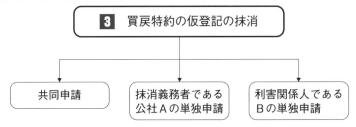

所有権移転仮登記を抹消する場合

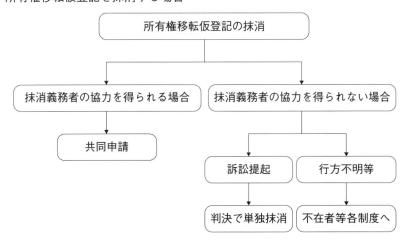

228　　ケース　第1　権利部甲区

## 調査・解決の手続

　本ケースの登記事項証明書の権利部（甲区）の所有権に関する事項欄は下記のとおりとなっています。

記

| 権　利　部　　（甲区） | | (所有権に関する登記) | |
|---|---|---|---|
| 順位番号 | 登記の目的 | 受付年月日・受付番号 | 権利者その他の事項 |
| 1 | 所有権移転 | 昭和○年○月○日<br>第○号 | 原因　昭和○年○月○日売買<br>所有者　住所〔略〕A公社<br>　（移記事項省略） |
| 2 | 所有権移転仮登記 | 平成○年○月○日<br>第○号 | 原因　平成○年○月○日売買<br>権利者　住所〔略〕B |
| | 余　白 | 余　白 | 余　白 |
| 付記1号 | 買戻特約仮登記 | 平成○年○月○日<br>第○号 | 原因　昭和○年○月○日買戻特約<br>売買代金　金○円<br>契約費用　なし<br>期間　平成○年○月○日から○年間<br>買戻権者　住所〔略〕A公社 |
| | 余　白 | 余　白 | 余　白 |

## 1　所有権移転仮登記の本登記手続

　A公社が登記義務者、Bが登記権利者となり、本登記を行うことに

なります。所有権移転の仮登記と買戻特約の仮登記については同時に申請する必要はありませんが、所有権移転の本登記の際には、買戻特約の本登記も同時に申請しなければなりません（昭35・3・31民甲712）。

　一般的な申請としての添付書類は、登記原因証明情報、登記義務者である所有者の印鑑証明書、登記識別情報（登記済証）、評価証明情報、登記権利者の住所証明情報となります。

　本登記を申請する際に所有者の表示に変更や更正が生じている場合には、あらかじめ所有権登記名義人の表示（住所や氏名）の変更又は更正登記が必要となります。

### ２　買戻特約仮登記の本登記

**１**の所有権移転仮登記の本登記申請と同時に買戻特約仮登記の本登記申請をします。この場合、登記原因証明情報のみが添付書面となります。

### ３　買戻特約の仮登記の抹消

下記①〜③のいずれかの申請になります。

① 共同申請

　　A公社を登記義務者、Bを登記権利者として、通常の抹消登記申請をすることができますが、公社の場合は単独での嘱託登記ができます（不登116②）。

② 登記名義人であるA公社の単独申請（嘱託）

　　仮登記の登記名義人は当該登記の登記識別情報（登記済証）を添付して、仮登記の抹消を単独で申請することができます（不登110前段）が、公社が嘱託する場合は登記識別情報（登記済証）の添付は不要です（昭33・5・1民事甲893）。

③ 利害関係人であるBの単独申請

抹消権利者であるBは利害関係人となりますので、A公社の買戻特約の仮登記の抹消承諾情報を添付して買戻特約の仮登記の抹消申請ができます（不登110後段）。

また、買戻特約の買戻期間が経過してしまった場合には、買戻特約の仮登記のみを抹消することも、もちろん可能です。

## ▼所有権移転仮登記の抹消

所有権移転の仮登記を抹消することになった場合には、買戻特約の仮登記の抹消についても同時に、又は所有権移転の仮登記の抹消より先に抹消する必要があります（昭41・8・24民甲2446）。

① 通常の共同申請による抹消

所有権移転仮登記の抹消については、A公社が登記権利者、Bが登記義務者となります。

買戻特約の仮登記の抹消については、A公社が登記義務者、Bが登記権利者となります。

② ここで、所有権移転の仮登記を抹消する場合で、抹消義務者であるBの協力を得られない場合、その抹消登記方法はどのようになるかが問題になりますが、それらの方法については、**Case15**を参考にしてください。

ケース 第1 権利部甲区　231

# Case17 明治時代の仮差押登記があり、債権者が死亡しているとみられる場合

　Aは、その所有する土地を担保として甲銀行へ融資を申し込みましたが、その土地にはAの祖父であるA₂の所有時であった明治時代に、個人であるBを債権者とする仮差押えの登記がされたまま残っており、その土地はAの父A₁がA₂から相続し、更にAが相続したものでした。甲銀行からはBの仮差押えの登記を抹消しないと融資はできないと言われました。

## 処 理 の 流 れ

　仮差押えの登記の債権者Bは、既に亡くなっているものと思われますので、仮差押えの登記を抹消するためには、まず、①その相続人を調査し、②債権者の相続人による仮差押命令申立ての取下げ、③債務者である現在の所有者Aの申立てによる仮差押命令の取消し、④債務者から起訴命令を求めて保全命令を取り消す方法を考え、最後に裁判所から⑤仮差押登記の抹消登記嘱託がされることになります。

　仮差押命令は、金銭の支払を目的とする債権について、将来の民事執行を保全するために、債務者の財産（この場合は不動産）にその処分を禁止する仮差押命令が発せられ、裁判所書記官の嘱託によってその旨の登記がされます（民保20・21）。

ケース　第1　権利部甲区

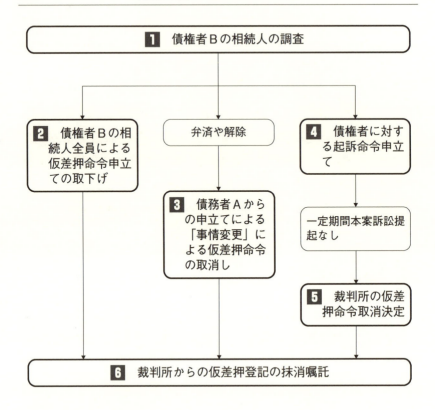

調査・解決の手続

本ケースの登記事項証明書の権利部（甲区）の所有権に関する事項欄は次のとおりとなっています。

| 権　利　部　（甲区） | | (所有権に関する登記) | |
|---|---|---|---|
| 順位番号 | 登記の目的 | 受付年月日・受付番号 | 権利者その他の事項 |
| 1 | 所有権移転 | 明治〇年〇月〇日第〇号 | 原因　明治〇年〇月〇日相続<br>所有者　住所略　$A_2$<br>（移記事項省略） |

| 2 | 仮差押 | 明治○年○月○日<br>第○号 | 原因　明治○年○月○日<br>△△区裁判所仮差押命令<br>債権者　住所略　Ｂ |
|---|---|---|---|
| 3 | 所有権移転 | 昭和○年○月○日<br>第○号 | 原因　昭和○年○月○日<br>相続<br>所有者　住所略　A₁ |
| 4 | 所有権移転 | 平成○年○月○日<br>第○号 | 原因　平成○年○月○日<br>相続<br>所有者　住所略　A |

## 1 債権者Ｂの相続人の調査

　登記記録から相続人を調査していきますが、仮差押えを取り下げる場合には、相続人全員からの申立てが必要になります。

## 2 債権者Ｂの相続人全員による仮差押命令申立ての取下げ

　仮差押権者が、裁判所へ仮差押命令の取下書を提出します。

　発令裁判所が執行機関となる保全執行（本ケースのような不動産仮差押えなど）については、保全命令の取下書が提出されると保全執行申立ての取下げも同時になされたものとして取り扱われるので、別途、保全執行申立ての取下書の提出を要しません。また、保全執行申立てだけを取り下げることは認められないと解されています（東京地裁保全研究会編『書式民事保全の実務』第21章執行取消しの手続（民事法研究会、2010））。

　その後、裁判所から抹消登記の嘱託が法務局に対して郵送でなされます。

　債権者が被相続人の場合には、相続人全員からの取下申請が必要ですので、取下書には被相続人の戸籍の附票及び出生から死亡までの戸

除籍謄本のほか、相続人を確定するのに必要な戸籍謄本及び相続関係図を添付します。相続人については、本籍の記載のある住民票又は戸籍の附票も必要です。取下書に添付する当事者目録には、相続人全員の記載が必要です。債務者は、現在の所有者であるAとなりますので、Aに対して取下げの通知がなされます。

本件の取下げに必要な書類等は下記のとおりです。

| 作成書類 | 保全命令申立取下書（不動産仮差押・仮処分の取下げ）（後掲 書式 参照） |
|---|---|
| 申立権者 | 債権者（Bの相続人全員） |
| 管轄裁判所 | 保全命令発令裁判所 |
| 添付書類 | 登記権利者義務者目録（法務局用）<br>物件目録（法務局用）<br>不動産全部事項証明書（保全処分発令後3年を経過した事件及び登記に変更がある場合に必要。不動産全部事項証明書は1か月以内のもの）<br>債務者・第三債務者の宛名シール<br>【滞納処分庁がある場合】<br>物件目録<br>当事者目録<br>【保全命令から5年以上経過している場合】<br>債権者の印鑑証明（本人による申立ての場合）又は委任状（代理人による申立ての場合）<br>債権者・債務者・第三債務者の住民票又は戸籍の附票（個人の場合）・資格証明類（法人の場合）<br>【保全命令から10年以上経過している場合】<br>決定正本とその写し<br>保全命令正本がない場合又は写しがない場合は紛失 |

|ケース| 第1 権利部甲区 235

等の理由を記載した上申書
当該物件の他に仮差押物件がないことの上申書

　取下書は下記のとおりとなりますが、そもそも、当事者の方で明治時代の保全命令の正本を保管しているかどうか、また、裁判所においても、保全命令から5年以上経過している場合は、記録が決定原本以外廃棄されており、保全命令から10年以上経過している場合は決定原本も廃棄されていますので、正確な事件番号の特定等は難しいかもしれません。

　登記申請情報及びその添付情報の法務局における保存期間も、現在は登記受付日から30年間（平成20年7月22日改正。それ以前は10年間）となっており、法務局での確認も難しいと思われます。

|書式| 保全命令申立取下書（不動産仮差押・仮処分の取下げ）

---

明治○年（ヨ）第○号不動産仮差押命令申立事件

取　下　書

平成○年○月○日

○○地方裁判所民事第○部　御中

債権者　○○○○　㊞
電話番号　○○○－○○○－○○○○

　　当事者の表示　　別紙当事者目録のとおり
　　物件の表示　　別紙物件目録のとおり
　上記当事者間の頭書事件については、債権者の都合により別紙物件目録記載の物件につき、申立ての全部を取り下げます。

| ケース | 第1　権利部甲区 |

---

```
　　　　　　　　　登記権利者・義務者目録

　　　住　　　所　　○○県○○市○○町○丁目○番○号
　　　登記権利者　　Ａ


　　　住　　　所　　○○県○○市○○町○丁目○番○号
　　　登記義務者　　Ｂ相続人○（以下、相続人全員を記載する。）
```

---

```
　　　　　　　　　　　　　物件目録

　　　所　在　　○○市○○町○丁目
　　　地　番　　○番○
　　　地　目　　宅地
　　　地　積　　○○○．○○平方メートル
　　　所有者　　Ａ
```

**3**　**債務者Ａからの申立てによる「事情変更」による仮差押命令の取消し**

　事情変更（民保38①）の要因として、以下の事情が考えられます。

① 　債権の弁済や相殺、解除等による被保全権利の消滅

② 　本ケースでは、仮差押執行後、債権者が、仮差押えの登記以降の権利保全の手続をとらなかった、つまり、おそらく本案訴訟が提起されない等の事由により明治時代から長期間にわたって、保全執行である仮差押えの登記がなされたままの状態が現在まで継続してきたと推定されますので、その状態の継続自体が「事情変更」の要因と認められる蓋然性もあると思われます。債権者が、権利の保全意思を放棄しているとも考えられるからです。

③ 　保全の必要性が消滅した事情としては、本案訴訟が提起されてい

たとしても却下されていたり、被保全権利の存在を否定する判決が確定していた等の事情も、事情変更による差押命令の取消原因となります。

④　保全意思の放棄・喪失

　　㋐　**4**で述べる起訴命令を受けている債権者が、訴えを取り下げたとき

　　㋑　被保全権利について裁判上の和解が成立し、その内容から保全命令による利益を債権者が放棄したと認められるとき

　以上の事由によって、債務者の申立てにより、それらの事情を疎明して（民保38②）、裁判所に対し、保全命令自体を取り消すことを目的とした仮差押命令の取消しを申し立てます。

**4**　**債権者に対する起訴命令申立て**

　民事保全法37条1項、2項には、保全命令を発した裁判所は、債務者の申立てにより、債権者に対し、一定の期間（2週間以上）内に、本案の訴えを提起するとともにその提起を証する書面を提出し、既に本案の訴えを提起しているときはその係属を証する書面を提出すべきことを命じなければならないと規定されています。そこで、保全命令を発した裁判所では、債務者からの申立てにより債権者に対して起訴命令を発することになります。

**5**　**裁判所の仮差押命令取消決定**

　**4**の起訴命令発出後、2週間以上の期間を置いて、債権者から提訴を証する書面の提出等がない場合には、仮差押命令を取り消す決定がなされます。

**6**　**裁判所からの仮差押登記の抹消嘱託**

　以上により、仮差押命令の取下げ又は取消しの決定がされれば、裁

判所書記官は、管轄法務局に対して当該仮差押登記の抹消嘱託書を郵送し、登記官が登記を抹消します。

## ▼その他

### (1) 仮差押解放金について

債務者からの申立てによる取消しの一つとして解放金供託による取消方法もあります（民保22）。保全命令において解放金の定めがある場合に、その金額を供託したことを証明して執行取消しを求める方法ですので、万一、供託書正本が存在する場合には、それを添付して執行取消決定後、抹消登記嘱託がなされます。

### (2) 債務者の破産（破産42②）

万一、債務者につき破産手続開始決定がされた場合、破産管財人からの上申によって、保全執行は破産財団との関係で失効することになります（破産42①）。

### (3) 仮差押えによる時効の中断の効果

被保全債権が消滅時効によって消滅したとして、仮差押えを取り消して、その登記を抹消することはできないでしょうか。

この仮差押えによる時効の中断の効果については、最高裁平成10年11月24日判決（判時1659・59）において、

① 仮差押えによる時効中断の効力は、仮差押執行保全の効力が存続する間は継続する

② 仮差押えの被保全債権について、本案の勝訴判決が確定したとしても、仮差押えによる時効中断の効力が消滅するとはいえない

との判断が示されており、債務者の不動産に対して仮差押えの登記がなされている限り、被保全債権についての債権者の権利行使が継続しているので、被保全債権は時効消滅することはなく、仮差押えの登記について、消滅時効による抹消の登記はできないことになります。

## ケース 第1 権利部甲区 239

# Case18 表題部所有者が他人である土地について個人が時効取得する場合

　先祖代々からのものとされている土地に、30年以上前より作業場を建てて使用しています。

　この土地の登記事項証明書を取得したところ、表題部所有者が全く見知らぬＡとなっていることが判明しました。

## 処理の流れ

　当該土地を自己の所有とするためにはまず、先祖代々からのものとされている土地が、時効取得の要件を満たしていることを確認しなければなりません。要件は、①占有期間を満たすこと、②所有の意思を持って占有すること、③平穏かつ公然と占有することの3つです。

　次に、表題部所有者Ａの戸籍・住民票を調査し、Ａが死亡していることが判明した場合には、その相続人全員の戸籍・住民票を調査します。そして、Ａ又はＡの相続人全員が登記手続を承諾した場合には、①Ａ又はＡの相続人を登記名義人とする所有権保存登記申請、及び②時効取得を原因とする所有権移転登記申請をします。

　Ａ又はＡの相続人の一部又は全員が登記手続に協力しない場合には、所有権確認訴訟を前提とする時効取得の援用通知を行った上で、訴訟を提起することになります。

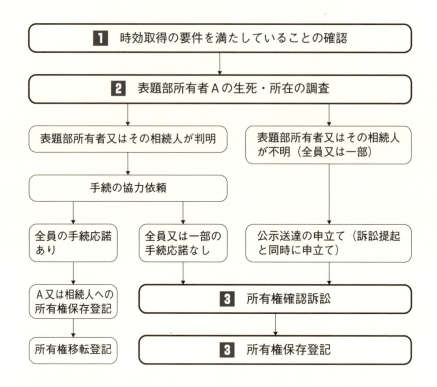

## 調査・解決の手続

### 1　時効取得の要件を満たしていることの確認

30年以上前より作業場を建て、土地を占有していたわけですから、時効取得の可能性を検討します。時効取得の要件は次のとおりです（民162）。

(1)　占有期間を満たすこと

他人の土地であることについて、知らずに（善意）、知らなかったことについて過失がなかった場合には10年間、他人の土地であったことを知っていた場合には20年間の占有期間を満たす必要があります。

占有者の善意は推定されますが、占有者の無過失は推定されません

（民186）。したがって、無過失であることの立証責任は占有者が負担します。

本ケースの場合、土地の登記事項証明書を取得したところ他人の所有であることが判明したわけですが、これまで土地の登記事項証明書を取得し確認しなかった点について過失はあるのでしょうか。判例は、「占有の開始は相続によるもので取引によるものではなく、その他判示事実関係のもとにおいては土地登記簿を調査しなかったことをもって占有のはじめ過失があったとすることはできない。」としています（最判昭42・6・20裁判集民87・1055）。

本ケースでは、「先祖代々からのものとされている土地」とありますので、相続による占有開始と考えられます。したがって、判例に照らすと無過失と考えられます。仮に過失があったとしても、30年以上前から土地を占有していますので、善意、悪意に関わらず期間の要件を満たしていることになります。

占有者の承継人（相続人）は、その選択に従い、自己の占有のみを主張し、又は自己の占有と前の占有者の占有を併せて主張することができますが、前の占有者の占有を併せて主張する場合には、その瑕疵をも承継することとされています（民187）。

（2）　所有の意思を持って占有すること

先祖代々からのものとされている土地なので、当然所有の意思をもって占有（自主占有）しており、土地を借りているといった認識に基づく占有（他主占有）ではないものと思われます。

なお、所有の意思は推定されるため、「所有の意思を持っていない」ことの立証責任は、相手方が負います。

（3）　平穏かつ公然と占有すること

無理やり占有を奪ったわけでなく、作業場を建築し占有してきたわけですから問題ありません。占有者の平穏かつ公然と占有している事

実は推定されますので、「平穏かつ公然と占有していない」事実は相手方の立証責任となります。

## 2 表題部所有者Aの生死・所在の調査

表題部所有者Aの戸籍・住民票を調査します。Aが死亡していることが判明したら、Aの相続人の戸籍・住民票を調査します。

（1）　表題部所有者A又はAの相続人全員の所在が判明したとき

①　A又はAの相続人全員に対して、手続に協力してもらえるか否かを打診します。登記手続としては、⑦A又はAの相続人を登記名義人とする所有権保存登記申請、④時効取得を原因とする所有権移転登記申請となります。

②　A又はAの相続人の一部又は全員が手続に協力しない場合には、所有権確認訴訟を提起することになります。訴訟を前提として時効取得の援用通知を行います。手続に協力的な相手方に対しては、やむなく訴訟提起することについて十分な説明、理解を求めることが必要なのはいうまでもありません。

　援用通知は、後日裁判上の証拠となりますので、配達証明付内容証明郵便で行うのがよいでしょう。なお、訴状において時効取得を援用することも可能です。

（2）　表題部所有者A又はAの相続人全員の所在が全部又は一部判明しないとき

①　所有権確認訴訟の提起と併せて公示送達の申立て（民訴110①一）を行います。ただし、土地の固定資産評価額が高額であるような場合には、裁判官より不在者財産管理人の選任（民25①、家事145）を促される傾向があるようです。

②　所在不明者の不在者財産管理人の選任を家庭裁判所に申し立て、所在が判明している相手方と併せて登記申請への協力を要請するこ

とになります。協力が得られない場合には、相手方全員を被告として所有権確認訴訟を提起します。

〔参考〕取得時効援用通知

平成○年○月○日

通　知　書

被通知人
○○県○○市○○町○丁目○番○号
Ａ　殿

通知人
○○県○○市○○町○丁目○番○号
後記依頼者代理人
司法書士　　○○○○
○○県司法書士会所属
簡裁訴訟代理等関係業務の認定
第○○○○○○号
ＴＥＬ　○○○○－○○－○○○○
ＦＡＸ　○○○○－○○－○○○○

冠省　当職は、後記依頼者より、貴殿所有の後記土地につき、時効取得による所有権確認請求事件を受任した司法書士です。

　依頼者は、本件土地を昭和○年○月○日から、所有の意思を持って平穏、公然に現在まで30年以上占有を継続してきました。

　よって、時効取得に必要な要件を満たしておりますので、本書をもって時効取得を援用いたします。

　つきましては、本書到着から7日以内に、登記手続に必要な書類一切をご交付くださいますよう、請求申し上げます。

草々

〔依頼者・土地の表示・省略〕

244　ケース　第1　権利部甲区

〔参考〕訴状（所有権確認請求訴訟）

訴　　状

事　件　名　　土地所有権確認請求事件
訴訟物の価額　　金〇〇〇〇円
貼用印紙額　　金〇〇〇〇円
予納郵便切手　　金〇〇〇〇円

〇〇簡易裁判所　民事係　御中

平成〇年〇月〇日

原告訴訟代理人司法書士　　〇〇〇〇　㊞

〒〇〇〇－〇〇〇〇　　〇〇県〇〇市〇〇町〇丁目〇番〇号
原　告　　　〇〇〇〇

〒〇〇〇－〇〇〇〇　　神奈川県〇〇市〇〇町〇丁目〇番〇号
〇〇〇〇司法書士事務所（送達場所）
上記訴訟代理人司法書士　　〇〇〇〇
TEL　〇〇〇〇－〇〇－〇〇〇〇
FAX　〇〇〇〇－〇〇－〇〇〇〇

住所・居所　不明
最後の住所
〒〇〇〇－〇〇〇〇　　〇〇県〇〇市〇〇町〇丁目〇番〇号
登記記録上の住所
〒〇〇〇－〇〇〇〇　　〇〇県〇〇市〇〇町〇丁目〇番地
被　告　　A

請求の趣旨

1　原告は、被告に対し、別紙物件目録記載の土地について、所有権を有することを確認する。
2　訴訟費用は被告の負担とする。
との判決を求める。

ケース　第1　権利部甲区　　245

請求の原因

1　登記名義

　　別紙物件目録記載の土地（以下「本件土地」という。）の不動産登記
記録上の表題部所有者は、被告である。

2　土地の承継

　　しかし、本件土地は、原告が先祖代々の財産として受け継いできたも
のであり、これまで、原告はこの事実に疑いを抱いたことはない。

3　占有の開始

　　昭和63年10月11日、原告は、原告の所有である建物を建築し、所有の
意思を持って、平穏かつ公然に本件土地の占有を開始した。

4　占有の継続

　　原告は占有開始後、30年以上経過した現在でも、本件土地の占有を継
続している。

5　時効の援用

　　原告は被告に対し、平成30年1月5日、取得時効を援用する旨の通知書
を内容証明郵便で発送したが、被告に到達しなかったため、本訴状の送
達をもって時効を援用する。

6　所有権の取得

　　以上の事実により、原告は本件土地の所有権を時効取得した。

7　よって、請求の趣旨記載のとおりの判決を求める。

証拠方法

1　甲第1号証　土地登記事項証明書

2　甲第2号証　建物登記事項証明書

3　甲第3号証　内容証明郵便「通知書」

附属書類

1　訴状副本　　　　　1通

2　証拠説明書　　　　1通

3　甲号証写し　　　　各1通

4　訴訟委任状　　　　1通

5　評価証明書　　　　1通

〔別紙　省略〕

246 　ケース　第1　権利部甲区

〔参考〕公示送達申立書

---

平成○年（ハ）第○○○○号　土地所有権確認請求事件
原　告　　○○○○
被　告　　○○○○

公示送達申立書

平成○年○月○日

○○簡易裁判所　民事係　御中

原告訴訟代理人司法書士　　○○○○

　御庁に提訴した土地所有権確認請求事件につき、被告の住所、居所、その他送達をなすべき場所が知れないため、通常の手続に従い訴状及び期日の呼出状の送達をなすことができないので、被告に対して送達すべき書類を公示送達してください。

添付書類
1　不 在 籍 証 明 書　　1通
2　不在籍・不在住証明書　1通
3　住 居 表 示 実 施 証 明 書　1通
4　所 在 調 査 報 告 書　　1通

以　上

---

## 3　所有権確認訴訟と所有権保存登記

　登記手続請求訴訟は原則、登記手続を求める給付訴訟に限定されますが、表題部所有者を被告とし、所有権保存登記を求める場合には、所有権の確認訴訟で対応することができます（不登74①二）。

　ただし、このような訴訟を提起する場合、馴れ合い訴訟を防止する観点から、登記先例は判決の内容について、次のような一定の要件を定めています（平10・3・20民三552）。

① 表題部所有者全員を被告とする所有権確認訴訟であること

② 表題部所有者が「甲外何名」のような記名共有地については、甲のみを被告とすればよいが、当該判決の理由中に、当該土地が原告の所有に属することが証拠に基づいて認定されていること

特に②では、原告の所有が証拠に基づいて認定されていることが必要となりますので、自白判決、被告の欠席判決、認諾調書では対応できないことに注意する必要があります。

## 第2 権利部乙区

### Case19 戦前の抵当権設定登記があるが、権利者の生死や所在が分からない場合

　AがBから相続した甲土地を売却しようとしたところ、債権額40円、抵当権者C、債務者Dを内容とする明治時代に登記された抵当権設定登記があることが判明しました。Cの生死や所在は不明です。

#### 処理の流れ

　Cが行方不明のため、抵当権の抹消登記手続の協力が得られないパターンです。

　このような事例では、まず①行方不明者の生死や所在を調査した上で、②抵当権者Cの抵当権の抹消登記手続をするにはどのような方法があるかを検討することになります。

　すなわち、C又はCの相続人の協力が得られない場合は、Aの単独申請による抹消登記手続をする方法を検討します。大きく分けて裁判所の手続を利用しない方法と裁判所の手続を利用する方法があります。

ケース 第2 権利部乙区

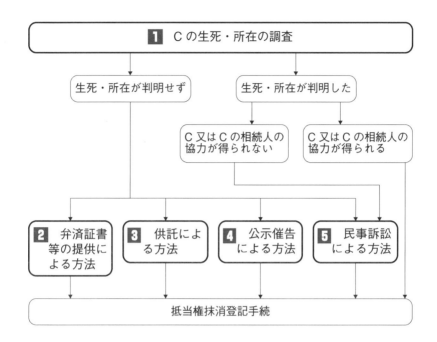

### 調査・解決の手続

**1 Cの生死・所在の調査**

まずは、Cの生死や所在について調査することになります。調査資料として、甲土地の登記事項証明書（コンピュータ化や法務大臣の命による移記閉鎖登記簿謄本も含みます。）、土地台帳の写し、Cの戸籍謄本（戸籍全部事項証明書）、住民票（除票）の写し、戸籍の附票を請求、収集することになります。また、登記記録上のCの所在地に赴き、近隣の人への聞き取り調査も必要となるでしょう。

**2 弁済証書等の提供による方法**

裁判所の手続を利用しない方法の1つとして、登記義務者の所在が知れないことを証する情報、債権証書並びに被担保債権及び最後の2年分の利息その他の定期金（債務不履行により生じた損害を含みま

す。）の完全な弁済があったことを証する情報（弁済証書、受取証書）を提供して、抵当権抹消登記をAが単独申請する方法があります（不登70③前段、不登令別表㉖ハ）。

弁済がなされたときは、弁済者は債権者に対して債権証書の返還請求（民487）及び受取証書（民486）の交付請求をすることができます。したがって、登記権利者がこれらの書類を保持している場合、抵当権の被担保債権が弁済されている蓋然性が高く、登記権利者による単独申請を認めても登記義務者の権利を害する可能性は低いといえるからです。

しかしながら、実務的には利用は少ないと思われます。古い抵当権の場合、そもそも債権証書や受取証書がない場合が多く、仮に存在していても、登記実務上、受取証書に押印されている印影について登記義務者の印鑑証明書の添付が要求されるためです。

## **3** 供託による方法

(1) 供託を証する情報等の提供による単独申請の制度

裁判所の手続を利用しないもう1つの方法として、登記義務者の所在が知れず、被担保債権の弁済期から20年を経過している場合は、被担保債権の元本、弁済期までに発生する利息及び弁済期の翌日から供託日までに発生する遅延損害金の全額を供託し、抵当権抹消登記をAが単独申請する方法があります（不登70③後段）。

(2) 単独申請をするための添付情報

　ア　登記義務者の所在が知れないことを証する情報

次のいずれか1点があればよいです。

① 市町村長の証明書

登記記録上のCの住所地にCが居住していない旨の市町村長の証明書としては、不在住証明が考えられます。しかしながら、多くの自治体では、住民票の記録がない旨を証明する形式であって、Cが居住していない旨の証明をする形式ではないので、実務上は市町村長の証明書の利用は困難でしょう。

② 警察官又は民生委員の証明書

　Cが登記記録上の住所に居住していない旨の警察官又は民生委員の証明書です。警察官又は民生委員の資格を証明する文書の添付は不要です。また、民生委員の印鑑証明書の添付は不要です。警察官又は民生委員が証明書の交付に協力的ではない場合もありますので、次の③の書面の利用が実務上多いでしょう。

③ 弁済受領催告書が不到達であることを証する書面

　弁済受領催告書をCの登記記録上の住所宛てに配達証明付書留郵便で送付し、「宛所に尋ね当たりません」又は「宛名不完全で配達できません」とスタンプが押されて返戻された弁済受領催告書を、弁済受領催告書が不到達であることを証する書面とする方法です。なお、受取人不在、受領拒否のスタンプが押されたものは証する書面とはなりません。

　イ　被担保債権の弁済期を証する情報

　昭和39年4月1日に施行された不動産登記法改正前は、債権又は利息の弁済期の定めがあるときは、その定めも登記事項となっていました。現在、登記簿のほとんどがコンピュータ化されていますから、まずはコンピュータ化による移記閉鎖登記簿謄本を取得するのがよいでしょう。必要に応じて、例えば分筆元のコンピュータ化による移記閉鎖登記簿謄本や法務大臣の命による移記閉鎖登記簿謄本も取得するとよいです。弁済期の記載がない場合は債権の成立日を、その日付もない場合は抵当権の設定日を弁済期として扱って差し支えありません（昭63・7・1民三3499）。

　　ウ　イの弁済期から20年を経過した後に当該被担保債権、その利
　　　　息及び債務不履行により生じた損害の全額に相当する金銭が供
　　　　託されたことを証する情報

　供託の根拠となる法令は民法494条ですので、弁済供託ですが、以下の点に注意を要します。

　まず、既に被担保債権の全部又は一部を弁済していたとしても、元

本、利息、遅延損害金の全額を供託する必要があります。ですから、元本が高額の場合、利息、遅延損害金も高額になりますので、**4**の公示催告又は**5**の民事訴訟による方法が適切でしょう。また、遅延損害金は弁済の提供日までではなく、実際に供託をする日まで計算する必要があります。仮に供託書の遅延損害金に関する内容が弁済の提供日までのものであった場合、民事訴訟で被担保債権の消滅原因としての供託の事実を主張立証するには適切ですが、単独申請が認められる供託を証する情報にはなりません。

(3) 供託手続

供託に必要な手続は、下記のとおりです。

| 作 成 書 類 | 供託書 |
|---|---|
| 供 託 者 | A |
| 管轄供託所 | Cの最後の住所地の供託所（住所地に属する最小行政区（市区町村）内に供託所がない場合は、住所地の属する行政区（都道府県）内の最寄りの供託所） |
| 添 付 書 類 | なし |

## **4** 公示催告による方法

(1) 公示催告の申立てによる除権決定

裁判所の手続を利用する方法として、まず、非訟事件手続法99条に規定する公示催告の申立てをし、除権決定（非訟106①）を得て、抵当権抹消登記をAが単独申請する方法があります（不登70①②）。裁判の形式は決定なので、口頭弁論は任意的です。したがって、申立人が裁判所に出頭することなく、書面審理で済む場合が多いです（事案によっては裁判所で申立人に対して審尋が行われる場合がありますので、出頭する可能性が全くないとはいえません。）。

他方、申立てから除権決定が出るまで半年くらいかかりますので、

注意してください。また、被担保債権の消滅時効を抵当権消滅の理由
とする場合は、時効期間の完成のみならず、相手方に対して時効の援
用をした事実を疎明する必要がありますが、公示催告の申立書をもっ
て時効援用の意思表示に代えることはできません。この場合、あらか
じめ時効の援用の意思表示の公示送達の申立てを行い、裁判所の掲示
板等に掲載されて2週間経過した後に、改めて公示催告の申立てをす
る必要があります。

(2) 申立手続

公示催告の申立手続は、下記のとおりです。

| 作 成 書 類 | 公示催告申立書（後掲 書式 参照） |
|---|---|
| 申 立 権 者 | A |
| 管轄裁判所 | Cの最後の住所地又は不動産の所在地を管轄とする簡易裁判所 |
| 添 付 書 類 | 甲土地の登記事項証明書<br>Cの行方不明を証する書面<br>抵当権の不存在又は消滅を証する書面 |

(3) 申立後の手続

裁判所が申立てを適法及び理由があると判断したときは、公示催告
手続開始及び公示催告をする旨の決定をします（非訟101）。公示催告
は官報に掲載されます（非訟102①）。権利の届出の終期までの期間は、
公示催告を官報に掲載した日から2か月を下ってはなりません（非訟
103）（なお、東京簡易裁判所では4か月半のようです。）。

権利の届出の終期までに適法な権利の届出又は権利を争う旨の申述
がない場合は、裁判所は除権決定をし、除権決定をした旨が官報に掲
載して公告されます（非訟106①・107）。

その除権決定をした旨の官報を添付して、管轄法務局に抵当権抹消
登記の申請を行います。

**書式** 公示催告申立書

公示催告申立書

平成○年○月○日

○○簡易裁判所御中

申立人　A　㊞

〒○○○－○○○○　○○県○○市○○町○丁目○番○号

申立人　A

電話○○○－○○○－○○○○

FAX○○○－○○○－○○○○

抵当権設定登記抹消公示催告申立事件

第1　申立ての趣旨

別紙目録記載の権利について、公示催告の上除権決定を求める。

第2　申立ての理由

1　申立人は、別紙目録記載の不動産の所有者である。

2　同不動産には、上記目録記載の抵当権設定登記がなされている。

3　目録記載の抵当権は、昭和○年○月○日までに全額弁済により消滅しているものである。

4　申立人は、上記抵当権設定登記の抹消登記を申請したく、登記義務者のCの所在を調査したところ、上記登記義務者は、抵当権設定登記の表示記載の住所に本籍も住民票も存在せず行方不明となっており、上記登記申請の協力を得ることができない。

5　よって、公示催告の上除権決定を得たく、不動産登記法第70条、非訟事件手続法第99条の規定に基づきこの申立てをする。

添付書類

1　登記事項証明書　　1通

2　不在証明書　　　　1通

3　不在籍証明書　　　1通

|   |   |   |
|---|---|---|
| 4 | 調査報告書 | 1通 |
| 5 | 証明書 | 1通 |

（別紙）

### 失権すべき権利目録

1 不動産の表示

　　所　　在　　　〇〇市〇〇町〇丁目

　　地　　番　　　〇〇番

　　地　　目　　　宅地

　　地　　積　　　〇〇.〇〇平方メートル

2 失権すべき権利の表示

　　〇〇法務局〇〇支局　明治〇年〇月〇日受付〇〇〇号

　　原　　因　　　明治〇年〇月〇日金円借用証書により

　　抵当権者　　　〇〇市〇〇町〇丁目〇番〇号　C

　　債　権　額　　金40円

　　利　　息　　　年〇分

　　損　害　金　　定めなし

## 5　民事訴訟による方法

### (1)　抵当権の抹消登記手続請求の民事訴訟

　裁判所を利用する方法として、抵当権抹消登記を求める民事訴訟を提起し、請求認容の確定判決をもって単独申請をする方法があります（不登63①）。

　抵当権の被担保債権の債権額が高額で供託額が高額になるような場合や、抵当権抹消登記請求権（被担保債権や抵当権の不存在確認の訴えも併合請求した場合は、それらの不存在）について既判力をもって確定しておきたい場合は、民事訴訟による方法が適切です。

256　　　ケース　第2　権利部乙区

## (2)　手　続

民事訴訟の手続は、下記のとおりです。

| 作 成 書 類 | 訴　状 |
|---|---|
| 原　　　告 | A |
| 管轄裁判所 | ①　Cの住所地を管轄とする簡易裁判所又は地方裁判所<br>②　甲土地の所在地を管轄とする簡易裁判所又は地方裁判所 |
| 添 付 書 類 | 甲土地の登記事項証明書<br>書証等の証拠の写し |

## (3)　手続における注意点

原告の相手方、すなわち被告はC又はCの相続人です。しかし、Cが行方不明の場合は以下の方法を検討する必要があります。

### ア　訴状の公示送達

Cに訴状を送達することができず、就業場所も不明ですので、訴状を公示送達してもらう方法が考えられます（民訴110①）。公示送達は受訴裁判所の裁判所書記官が行いますので、裁判所書記官に対して公示送達の申立書を提出します。ただし、抵当権設定登記の時期からしてCが死亡している蓋然性が高い場合、公示送達は不適（そもそも被告はCの相続人にすべきではないか）と判断される可能性がありますので、事前に裁判所書記官に相談しましょう。

なお、公示送達による場合、被告の擬制自白は成立しませんので、主要事実は証拠によって証明しなければなりません。一般的には、請求原因は、Aの所有権に基づく妨害排除請求としての抵当権抹消登記請求が適切と思われます。

イ　Cについて不在者財産管理人を選任してもらう方法

　民事訴訟の提起前に、あらかじめ、Cの最後の住所地を管轄とする家庭裁判所に、Aが利害関係人として不在者財産管理人の選任申立てをする方法があります（民25①）。

　問題点としては、仮にCの不在者財産管理人が選任されたとしても、実はCが死亡していた場合、不在者財産管理人の行為は無権代理となる可能性があり、家庭裁判所は選任に慎重になる可能性があります。

　もし、不在者財産管理人Xが選任された場合は、訴状には、当事者として被告C、被告Cの法定代理人として不在者財産管理人Xを記載し、X宛てに訴状を送達してもらうことになります。なお、Xは請求原因について否認又は不知と答弁する可能性が高いので、請求原因及び証拠の吟味はよく検討してください。

ウ　民事訴訟法の特別代理人を選任してもらう方法

　遅滞のため損害を受けるおそれがあることを疎明して受訴裁判所の裁判長に特別代理人を選任してもらう方法が考えられます（民訴35①）。本来は、法定代理人がいない又は法定代理人が代理権を行使することができない未成年者又は成年被後見人に対して訴訟行為を行う場合の規定なのですが、相続人不明の相続財産について相続財産管理人が選任されていない場合など、広く準用が認められています。本ケースの場合も、民事訴訟法35条にストレートに当てはまる事例ではないので、受訴裁判所の裁判長の判断は分かれるかもしれませんが、公示送達に比べれば、相手方の手続保障の点において優れていますので、検討してみてください。

　特別代理人が選任された場合の訴状の表記、特別代理人の訴訟上の対応はイの場合と同様です。

(4)　訴訟後の手続

　抵当権の抹消登記手続を命じる判決書正本（単純執行文は不要）、確定証明書を添付して、管轄法務局に抵当権の抹消登記をAが単独申請します。

## Case20　会社名義の根抵当権が設定されているが、その会社が見つからない場合

　土地の登記記録を確認したところ、古い根抵当権が設定されています。当該根抵当権の登記名義人である会社を調査したところ、現在その会社は存在しないようです。

### 処理の流れ

　根抵当権を抹消するに当たり、根抵当権の登記名義人である会社が見つからない場合には通常の共同申請（不登60）による抹消登記をすることができないので、所有者が単独で抹消登記手続をすることになります。

　不動産登記法では単独で申請するための方法がいくつか用意されていますが、一般的には休眠担保権による抹消が一番簡易な方法ですので、休眠担保権による抹消手続を選択したという前提で説明します。

　休眠担保権による抹消手続に関しては、債権者の所在が不明であるということを証明する点、債務の弁済から20年経過しているという点と、債権者が、完全な満足を受ける供託をするという点が特徴です。

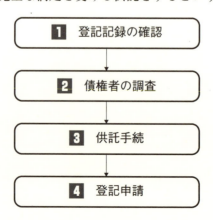

| ケース | 第2　権利部乙区　　　　　　　　　　259 |

## 調査・解決の手続

### 1　登記記録の確認

　抵当権者の所在が知れないため共同申請をすることができない場合において、被担保債権の弁済期から20年を経過し、かつ、その期間を経過した後に当該被担保債権、その利息及び債務不履行により生じた損害の全額に相当する金銭を供託することにより、登記権利者は、単独で抵当権抹消登記を申請することができる（不登70③後段）こととされており、この場合の登記申請は、当該被担保債権の弁済期を証する情報、及び弁済期から20年を経過した後に当該被担保債権、その利息及び債務不履行により生じた損害の全額に相当する金銭が供託されたことを証する情報並びに登記義務者の所在が知れないことを証する情報（不登令別表㉖添付情報ニ）を添付することを要するとされています。

　これを一般に休眠担保権の抹消制度と呼んでいますが、これは担保権が根抵当権の場合でも活用できるものです。

　対象となる登記については先取特権、質権又は抵当権とされていますが、被担保債権の弁済期から20年の経過という要件があるので、根抵当権については元本が確定している必要があり、元本確定前の根抵当権は除かれています。

　休眠担保権に関する基本通達によれば、被担保債権の弁済期は、元本の確定の日とみなすものとされており、元本の確定の日は、元本の確定の登記があるとき又は登記記録上元本が確定したことが明らかであるときは、その記載により、それ以外の場合には、当該担保権の設定の日から3年を経過した日を元本の確定の日とみなすものとされています（昭63・7・1民三3499）。

　したがって、登記記録を確認するときには、根抵当権の元本が確定しているかどうか、また、弁済期についての登記があるかどうかとい

った点に注意して調査することになります。

なお、現在の抵当権は弁済期が登記事項とされていませんが、昭和32年4月1日より前は、弁済期が登記事項とされていましたので、昭和46年以前のいわゆる旧根抵当権についても、昭和39年の法律改正前に登記のある担保権の弁済期は、閉鎖登記簿謄本により証明することが必要と解されていますので、その場合には閉鎖登記簿謄本の添付が必要となります。

しかし、登記の移記又は転写の際に弁済期の記載が省略されている場合であって、閉鎖された移記又は転写前の登記用紙が廃棄済となっているときは、当事者の作成に係る「被担保債権の弁済期を証する書面」を添付するしかありません。

弁済期を証する書面の1つとして、閉鎖登記簿謄本を添付する場合、申請登記所と閉鎖登記簿保管登記所が同一であるときであっても、閉鎖登記簿謄本の添付を省略することはできないとされています。また、共同担保関係にある物件についての弁済期の確認は、共同担保関係にある全物件において行う必要はなく、当該申請分のみでよいこととされていますが、申請物件全部の閉鎖登記簿謄本の添付は必要とされています。

## 2 債権者の調査

債権者の調査としては登記されている根抵当権者を調査しますが、休眠担保権の抹消手続の場合には、根抵当権者の所在が不明であるということを証明することになります。

なお、この証明については、裁判上の公示送達の要件のような厳格な証明まで行う必要はなく、休眠担保権の抹消に関してのみ適用できる簡便な方法がありますので、個人の場合と法人の場合に分けて説明します。

## （1）　個人の場合の行方不明を証する書面

　登記義務者が登記記録上の住所に居住していないことを市区町村長が証明した書面、又は登記義務者の登記記録上の住所に宛てた被担保債権の受領催告書が不到達であったことを証する書面等により、所在不明を証明することができます（昭63・7・1民三3456第三4）。

　郵送先については、登記記録上の住所が区画整理、町名変更又は住居表示の実施等により変更していることが明らかな場合であっても、登記記録上の住所に宛てて郵送すればよいこととされていますが、不到達の理由については、「宛て名不完全」又は「宛て所に尋ね当たらず」のスタンプ印のある封筒の宛て名が登記記録上の住所と一致していれば行方不明に該当しますが、「受取人不在」を理由として返戻された場合は行方不明に該当しないこととされています。なお、受領催告書の内容については特に審査の対象とはならないこととされています。

　なお、これらの書面を郵送する際には、配達証明付郵便による必要があります（昭63・7・1民三3499第一1）。

### 〔参考〕被担保債権の受領催告書

---

債権受領催告書

　私は、別添登記事項証明書の不動産所有者でありますが、同登記記録記載（乙区○番）の債権者である貴殿に債権の全額を弁済しますので、受領されるよう催告します。

平成○年○月○日

　　　　　　　　　　　　　○○県○○市○○町○丁目○番○号

　　　　　　　　　　　　　　○○○○　　㊞

　○○県○○市○○町○丁目○番○号

　　　○○○○　殿

---

（2）　法人の場合の行方不明を証する書面

　法人の行方不明については議論のあるところですが、本手続における法人の行方不明とは「当該法人について登記記録に記載がなく、かつ、閉鎖登記簿が廃棄済みであるため、その存在を確認することができない場合等」をいい（昭63・7・1民三3456第三1）、登記は実在するが実態は消滅している法人については法人の行方不明とすることはできないこととされています。また、閉鎖登記簿は存在するが、清算人が全員死亡している場合や、清算人等が行方不明、清算人の存否不明の場合においても、その法人は行方不明に当たらないと解されています。

　登記義務者が法人である場合の調査書は、少なくとも申請人又はその代理人が、当該法人の登記記録上の所在地を管轄する登記所において、当該法人の登記記録若しくは閉鎖登記簿の謄本若しくは抄本の交付又はこれらの登記記録の閲覧を申請したが、該当登記記録又は閉鎖登記簿が存在しないため、その目的を達することができなかった旨を記載したものでなければならないこととされています（昭63・7・1民三3499第一2）。


〔参考〕法人の調査書

| 調　査　書 |
| --- |

1　調査年月日　　平成○年○月○日
2　登記義務者である法人の表示
　　本　店　　○○○○○○○○○○○
　　商　号　　○○
3　調査の目的　　上記法人の登記記録（閉鎖登記簿を含む。）の存否
4　調査の結果　　上記法人の登記記録上の所在地を管轄する登記所において当該法人の登記記録の閲覧を申請したが、該

当の登記記録及び閉鎖登記簿が存在しないため、その目的を達することができなかった。

　当職は○○○○の委任により、調査の結果上記のとおりであることを報告します。

平成○年○月○日

　　　　　　　　　　　○○県○○市○○町○丁目○番○号
　　　　　　　　　　　○○司法書士事務所
　　　　　　　　　　　司法書士　○○○○　職印

　○○○○　殿

---

私は上記のとおり調査を委任し、調査をさせたことを証明します。
　平成○年○月○日
　　　　　　　　住　所　○○県○○市○○町○丁目○番○号
　　　　　　　　申請人　○○○○　㊞

　　　　　　　　　　　　　　　　　（印鑑証明書添付）

---

## 3　供託手続

　供託は登記義務者の最後の住所地を管轄する供託所にすべきですが（民495）、登記記録上それが判明しない場合は、債務者の住所地でも認められます。

　供託書の、供託の原因たる事実及び供託により消滅すべき質権又は抵当権欄に記載する登記所の表示は、質権又は抵当権が特定できる限り、設定登記をした当時の町名でなくとも差し支えありません。

　弁済すべき債務額については担保権者が債権の満足を受ける額（即ち債務の全額）とされていますが、容易に算定できる場合には、供託の際、利息債権・損害金債権を特定するため、必ずしも計算式を記載

する必要はありません。

利息計算の誤り等によって供託額に僅かな不足がある場合でも、不足額についての追加供託は許されませんが、供託された債権額又は利息若しくは損害金が登記簿の記載又は契約書等の表示より多額の場合は、債権の同一性が認められる限り受理されます。

供託者は、登記権利者たる所有者、第三取得者及び債務者に限られませんが、被供託者（債権者）が複数の場合の供託は、各個に供託することなく代表者による供託によることはできません。

供託に必要な手続は、下記のとおりです。

| 作 成 書 類 | 供託書 |
| --- | --- |
| 供 託 者 | 所有者、第三取得者、債務者等 |
| 管轄供託所 | 登記義務者（根抵当権者）の最後の住所地の供託所 |
| 添 付 書 類 | なし |

不動産登記法70条3項後段を適用してする担保権の登記の抹消登記申請書に、供託書正本を登記原因証明情報として添付した場合は、供託をしたことを証する書面を兼ねるものとして取り扱われます（不登令別表㉖添付情報ニ）。

## 4　登記申請

上記の弁済供託をした場合には、供託所から供託者に供託書正本が渡されますので、当該供託書正本を登記原因証明情報として、弁済期を証する書面及び債権者の所在不明を証する書面と共に、根抵当権抹消登記申請に添付して（不登令別表㉖添付情報ニ）、登記申請をすること

になります。

　登記原因は、供託金払込の日をもって「弁済」とします。

　確定前の根抵当権の場合には弁済を登記原因とする抹消登記は受理されませんが、休眠担保権の抹消手続においては根抵当権の元本は確定しているという前提がありますので、上記のとおり登記原因となります。

　なお、担保権の抹消に関する弁済供託をした場合には、一般に弁済供託と違い、供託者が供託金を取り戻すことはできませんので注意を要します。

266 　ケース　第2　権利部乙区

# Case21　根質権の登記があるが、権利者の所在がわからない場合

　AはBから〇〇商品を継続的に仕入れしていたことから、継続的に発生・消滅する〇〇商品売掛金債権を担保するために、自己の所有する甲土地に、Bのために極度額1,000万円の根質権を設定し、Bに土地を引き渡しました。現在、AB間の取引は一切なく、買掛金もありませんが、Bの生死や所在は不明です。

## 処 理 の 流 れ

　Bが行方不明のため、根質権の抹消登記手続の協力が得られないケースです。

　このような事例で根質権の抹消登記をするためにはまず、①行方不明者の生死や所在を調査した上で、②根質権者Bの根質権の抹消登記手続をするにはどのような方法があるかを検討することになります。

　すなわち、B又はBの相続人の協力が得られない場合は、Aの単独申請による抹消登記手続をする方法を検討します。大きく分けて裁判所の手続を利用しない方法と裁判所の手続を利用する方法があります。

ケース 第2 権利部乙区　　267

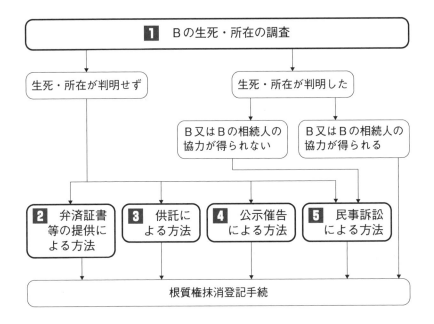

調査・解決の手続

**1　Bの生死・所在の調査**

　まずは、Bの生死や所在について調査することになります。Bの住民票（除票）の写し、戸籍の附票を請求、収集することになります。また、登記記録上のBの住所地に赴き、近隣の人への聞き取り調査も必要となるでしょう。

**2　弁済証書等の提供による方法**

　裁判所の手続を利用しない方法の1つとして、登記義務者の所在が知れないことを証する情報、債権証書並びに被担保債権及び最後の2年分の利息その他の定期金（債務不履行により生じた損害を含みます。）の完全な弁済があったことを証する情報（弁済証書、受取証書）を提供して、根質権の抹消登記をAが単独で申請する方法が考えられ

ます（不登70③前段、不登令別表㉖ハ）。

　弁済がなされたときは、弁済者は債権者に対して債権証書の返還請求（民487）及び受取証書の交付請求（民486）をすることができます。

　しかしながら、ハードルが2つあります。1つ目は、債権証書、受取証書、登記義務者の印鑑証明書をそろえる必要があることです。

　2つ目は、元本確定前の根質権は、被担保債権が弁済されても消滅しないことから、債権証書、受取証書の記載から元本確定後に被担保債権の全額を弁済したことが判然としていない限り、この方法による抹消はできないということです。

### 3　供託による方法

（1）　供託を証する情報等の提供による単独申請の制度

　裁判所の手続を利用しないもう1つの方法として、登記義務者の所在が知れず、被担保債権の弁済期から20年を経過している場合は、被担保債権の元本、弁済期までに発生する利息及び弁済期の翌日から供託日までに発生する遅延損害金の全額を供託し、根質権抹消登記をAが単独申請する方法があります（不登70③後段）。

（2）　単独申請をするための添付情報

　ア　登記義務者の所在が知れないことを証する情報

次のいずれか1点があればよいです。

① 　市町村長の証明書

　登記記録上のBの住所地にBが居住していない旨の市町村長の証明書としては、不在住証明書が考えられます。しかしながら、多くの自治体では、不在住証明書は住民票の記録がない旨を証明する形式であって、Bが居住していない旨の証明をする形式ではないので、実務上は市町村長の証明書の利用は困難でしょう。

② 　警察官又は民生委員の証明書

　Bが登記記録上の住所に居住していない旨の警察官又は民生委員

の証明書です。警察官又は民生委員の資格を証明する文書の添付は不要です。また、民生委員の印鑑証明書の添付は不要です。警察官又は民生委員が証明書の交付に協力的ではない場合もありますので、次の③の書面の利用が実務上多いでしょう。

③　受領催告書が不到達であることを証する書面

　　受領催告書をBの登記記録上の住所宛に配達証明付書留郵便で送付し、「宛て所に尋ねあたりません」又は「宛て名不完全で配達できません」とスタンプが押されて返戻された受領催告書を証する書面とする方法です。なお、受取人不在、受取拒否のスタンプが押されたものは不到達を証する書面とはなりません。

　　イ　被担保債権の弁済期を証する情報

①　登記記録上元本確定日が明らかな場合

　　当該元本確定日を被担保債権の弁済期とします。

②　登記記録上元本確定日が明らかではない場合

　　設定日から3年を経過した日を弁済期とします（昭63・7・1民三3499）。

　　ウ　イの弁済期から20年を経過した後に当該被担保債権、その利息及び債務不履行により生じた損害の全額に相当する金銭が供託されたことを証する情報

　極度額を元本額とみなし、登記記録上、利息及び損害金に関する定めがあるときは、その定めに従い、定めがない場合は年6分の割合で、設定の日（登記の原因に被担保債権を発生させる基本契約が記載されている場合は、その契約成立の日）から元本の確定日までの利息及びその翌日以降から供託日まで損害金を供託する必要があります（昭63・7・1民三3499）。

　したがって、本来の被担保債権の弁済すべき額より供託すべき額が高額となる場合が通常ですが、あまりに高額になる場合には、他の方法を検討する必要があります。

本ケースでは極度額が1,000万円であり、取引もないということですから、無駄な供託はすべきではなく、他の方法を選択すべきでしょう。

(3) 供託手続

供託に必要な手続は、下記のとおりです。

| 作 成 書 類 | 供託書 |
|---|---|
| 供 託 者 | A |
| 管轄供託所 | Bの最後の住所地の供託所（住所地に属する最小行政区（市区町村）内に供託所がない場合は、住所地の属する行政区（都道府県）内の最寄りの供託所） |
| 添 付 書 類 | なし |

## 4 公示催告による方法

(1) 公示催告の申立てによる除権決定

裁判所の手続を利用する方法として、まず、非訟事件手続法99条に規定する公示催告の申立てをし、除権決定（非訟106①）を得て、根質権抹消登記をAが単独申請する方法があります（不登70①②）。裁判の形式は決定なので、口頭弁論は任意的です。したがって、申立人が裁判所に出頭することなく、書面審理で済む場合が多いです（事案によっては裁判所で申立人に対して審尋が行われる場合がありますので、出頭する可能性は全くないとはいえません。）。

他方、申立てから除権決定が出るまで半年くらいかかりますので、注意してください。また、当該根質権の元本が確定していることを疎明する必要がありますから、相手方に対する元本確定請求を確定事由とする場合は、公示催告の申立書をもってその意思表示に代えること

はできませんので、あらかじめ元本確定請求の意思表示の公示送達の申立てを行い、裁判所の掲示板等に掲載されて2週間経過した後に、あらためて公示催告の申立てをする必要があります。

(2) 申立手続

公示催告の申立手続は、下記のとおりです。

| 作 成 書 類 | 公示催告申立書 |
|---|---|
| 申 立 権 者 | A |
| 管轄裁判所 | Bの最後の住所地又は不動産の所在地を管轄とする簡易裁判所 |
| 添 付 書 類 | 甲土地の登記事項証明書<br>Bの行方不明を証する書面<br>根質権が元本確定していることを証する書面 |

(3) 申立後の手続

裁判所が申立てを適法及び理由があると判断したときは、公示催告手続開始及び公示催告をする旨の決定をします(非訟101)。公示催告は官報に掲載されます(非訟102①)。権利の届出の終期までの期間は、公示催告を官報に掲載した日から2か月を下ってはなりません(非訟103)(なお、東京簡易裁判所では4か月半のようです。)。

権利の届出の終期までに適法な権利の届出又は権利を争う旨の申述がない場合は、裁判所は除権決定をし、除権決定をした旨が官報に掲載して公告されます(非訟106①・107)。

その除権決定をした旨の官報を添付して、管轄法務局に根質権抹消登記の申請を行います。

## 5 民事訴訟による方法

### (1) 根質権の抹消登記手続請求の民事訴訟

裁判所を利用する方法として、根質権抹消登記を求める民事訴訟を提起し、請求認容の確定判決をもって単独申請をする方法があります（不登63①）。

元本が確定した根質権の被担保債権の弁済又は不存在等を原因として抹消登記をする場合や、登記記録上、元本確定が明らかではない場合は、元本確定登記をする必要があります。したがって、元本確定登記手続請求も併合提起をするのが筋論です。しかし、元本確定登記を経ないで、いきなり、年月日判決を原因として抹消登記をする実例もまま見受けられます。

### (2) 手　続

民事訴訟の手続は、下記のとおりです。

| 作 成 書 類 | 訴　状 |
|---|---|
| 原　　　告 | A |
| 管轄裁判所 | ①　Bの住所地を管轄とする簡易裁判所又は地方裁判所<br>②　甲土地の所在地を管轄とする簡易裁判所又は地方裁判所 |
| 添 付 書 類 | 甲土地の登記事項証明書<br>書証等の証拠の写し |

### (3) 手続における注意点

原告の相手方、すなわち被告はB又はBの相続人です。しかし、Bが行方不明の場合は以下の方法を検討する必要があります。

ア　訴状の公示送達

　Bに訴状を送達することができず、就業場所も不明ですので、訴状を公示送達してもらう方法が考えられます（民訴110①）。公示送達は受訴裁判所の裁判所書記官が行いますので、裁判所書記官に対して公示送達の申立書を提出します。ただし、根質権設定登記の時期からしてBが死亡している蓋然性が高い場合、公示送達は不適（そもそも被告はBの相続人にすべきである）と判断される可能性がありますので、事前に裁判所書記官に相談しましょう。なお、公示送達による場合、被告の擬制自白は成立しませんので、主要事実は証拠によって証明しなければなりません。一般的には、請求原因は、Aの所有権に基づく妨害排除請求としての根質権抹消登記請求が適切と思われます。

　　イ　Bについて不在者財産管理人を選任してもらう方法

　民事訴訟の提起前に、あらかじめ、Bの従来の住所地を管轄とする家庭裁判所に、Aが利害関係人として不在者財産管理人の選任申立てをする方法があります（民25①）。

　問題点としては、仮にBの不在者財産管理人が選任されたとしても、実はBが死亡していた場合、不在者財産管理人の行為は無権代理とされることです。ですから、家庭裁判所は選任に慎重になる可能性があります。

　もし、不在者財産管理人Xが選任された場合は、訴状には、当事者として被告B、被告Bの法定代理人として不在者財産管理人Xを訴状に記載し、X宛に訴状を送達してもらうことになります。なお、Xは請求原因について否認又は不知と答弁する可能性が高いので、請求原因及び証拠の吟味はよく検討してください。

　　ウ　民事訴訟法の特別代理人を選任してもらう方法

　遅滞のため損害を受けるおそれがあることを疎明して受訴裁判所の裁判長に特別代理人を選任してもらう方法が考えられます（民訴35①）。

本来は、法定代理人がいない又は法定代理人が代理権を行使することができない未成年者又は成年被後見人に対して訴訟行為を行う場合の規定なのですが、相続人不明の相続財産について相続財産管理人が選任されていない場合など、広く準用が認められています。本ケースの場合も、民事訴訟法35条にストレートに当てはまる事例ではないので、受訴裁判所の裁判長の判断は分かれるかもしれませんが、公示送達に比べれば相手方の手続保障の点において優れていますので、検討してみてください。

特別代理人が選任された場合の訴状の表記、特別代理人の訴訟上の対応はイの場合と同様です。

(4)　訴訟後の手続

根質権の抹消登記手続を命じる判決書正本（単純執行文は不要）、確定証明書を添付して、管轄法務局に根質権の抹消登記をＡが単独申請します。

ケース 第2 権利部乙区 275

# Case22 先取特権登記名義人が登記されていない場合

　AがBから相続した甲土地を売却するため、登記事項証明書を取得したところ、先取特権設定登記があることが判明しました。しかし、登記記録には先取特権登記名義人の記載がされていません。

### 処 理 の 流 れ

　先取特権登記名義人の記載が遺漏して、先取特権登記名義人が誰か分からないケースです。このようなケースでは、まず、①先取特権登記名義人が誰であるか特定する調査をし、②先取特権の抹消登記手続をするにはどのような方法があるかを検討することになります。

　調査の結果、判明しない場合は、裁判所の手続を利用することになります。

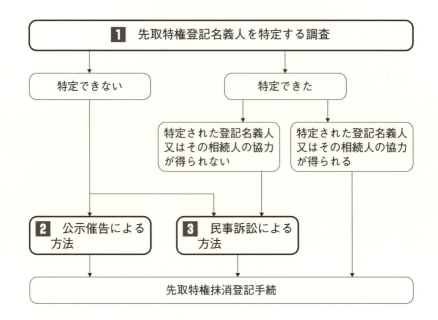

### 調査・解決の手続

#### 1　先取特権登記名義人を特定する調査

　まずは、管轄法務局に問合せをして、閉鎖登記簿や保管されている先取特権登記申請書を見てもらって、登記官の過誤による遺漏か確認してもらいましょう。登記官の過誤による遺漏であれば職権更正により遺漏していた登記名義人を記録してもらえます。

　もし、申請人の過誤による場合は、先取特権登記申請書を閲覧して、申請代理人が誰か調べてみましょう。申請書が保管期限経過により破棄されている場合は、当時の各種契約書等の資料があるかどうかを探します。法定担保物権である先取特権には設定契約書はありませんが、例えば、不動産売買による先取特権であれば、当該不動産の売主が先取特権者であることが分かりますし、また、給料の先取特権であれば、従業員が先取特権者であったことが分かりますので、このよう

ケース 第2 権利部乙区 277

に先取特権の被担保債権から探し当てることも可能な場合があります。

## 2 公示催告による方法

### (1) 公示催告の申立てによる除権決定

先取特権登記名義人が誰か分からない場合は、まず、非訟事件手続法99条に規定する公示催告の申立てをし、除権決定（非訟106①）を得て、先取特権抹消登記をAが単独申請する方法があります（不登70①②）。裁判の形式は決定なので、口頭弁論は任意的です。したがって、申立人が裁判所に出頭することなく、書面審理で済む場合が多いです（事案によっては裁判所で申立人に対して審尋が行われる場合がありますので、出頭する可能性は全くないとはいえません。）。

本ケースでは、相手方をどのように表記するかが問題となります。例えば、「甲土地に設定登記された○○地方法務局○年○月○日受付第○号の先取特権の登記名義人」と表記することが考えられますが、事前に裁判所と相談をしてください。仮にそのような表記が可能だとしても、抹消登記申請が受理されるか別問題ですから、管轄法務局の登記官にも照会をしておくべきです。

### (2) 申立手続

公示催告の申立手続は、下記のとおりです。

| 作成書類 | 公示催告申立書 |
|---|---|
| 申立権者 | A |
| 管轄裁判所 | 不動産の所在地を管轄とする簡易裁判所 |
| 添付書類 | 甲土地の登記事項証明書<br>先取特権登記名義人が不明であることを証する書面<br>先取特権の不存在又は消滅を証する書面 |

## (3) 申立後の手続

　裁判所が申立てを適法及び理由があると認めたときは、公示催告手続開始及び公示催告をする旨の決定をします（非訟101）。公示催告は官報に掲載されます（非訟102①）。権利の届出の終期までの期間は、公示催告を官報に掲載した日から2か月を下ってはなりません（非訟103）（なお、東京簡易裁判所では4か月半のようです。）。

　権利の届出の終期までに適法な権利の届出又は権利を争う旨の申述がない場合は、裁判所は除権決定をし、除権決定をした旨が官報に掲載して公告されます（非訟106①・107）。

　その除権決定をした旨の官報を添付して、管轄法務局に先取特権抹消登記の申請を行います。


## 3 民事訴訟による方法

### (1) 先取特権の抹消登記手続請求の民事訴訟

　裁判所を利用する方法として、先取特権抹消登記を求める民事訴訟を提起し、請求認容の確定判決をもって単独申請をする方法があります（不登63①）。

### (2) 手 続

　民事訴訟の手続は、下記のとおりです。

| 作成書類 | 訴 状 |
| --- | --- |
| 原　　告 | A |
| 管轄裁判所 | 甲土地の所在地を管轄とする簡易裁判所又は地方裁判所 |
| 添付書類 | 甲土地の登記事項証明書<br>書証等の証拠の写し |

## ケース 第2 権利部乙区 279

### (3) 手続における注意点

被告の表記は、公示催告による方法で述べたとおりの表記によらざるを得ないと思いますが、この点、訴状に「当事者の氏名又は名称及び住所…」の記載を要求する民事訴訟規則2条1項1号に反するのではないかという問題があります。

氏名及び住所は当事者を特定する上で基本的な事項ではありますが、唯一絶対の事項ではありません。同規則は、原則的な方法を示したものであって、民事訴訟法133条2項1号は、「当事者及び法定代理人の氏名並びに住所」ではなく、「当事者及び法定代理人」という文言になっていることから、氏名及び住所が記載できない特段の事情がある場合は、それに代わる特定の方法による記載を認めているものと思われます。

また、交付送達はできませんから、公示送達によらざるを得ませんが、当事者の特定の問題と相まって、相手方の手続保障の観点から、公示送達によることが消極的になる可能性があります。その場合は、公示送達ではなく、民事訴訟法35条の類推適用により、裁判長に特別代理人を選任してもらう方法を検討すべきでしょう。

### (4) 訴訟後の手続

先取特権の抹消登記手続を命じる判決書正本（単純執行文は不要）、確定証明書を添付して、管轄法務局に先取特権の抹消登記をAが単独申請します。

# Case23 抵当権設定仮登記がされているが、仮登記名義人の所在が不明の場合

AはBから借入れをし、Bのために自己の所有する甲土地に抵当権設定仮登記をしました。被担保債権は弁済したものの、仮登記の抹消登記手続をしないうちに、Bが行方不明となってしまいました。

## 処理の流れ

仮登記の抹消登記の場合、仮登記名義人本人による単独申請や、仮登記名義人の承諾書添付（不登令7①六・19・別表⑳）による利害関係人（現在の所有権登記名義人であるAも含まれます。）からの単独申請による簡便な仮登記の抹消登記手続をすることができます（不登110）。

しかし、本ケースでは仮登記名義人が行方不明なので仮登記名義人であるBの承諾書及びBの印鑑証明書を添付することはできず、簡便な抹消登記の方法はとれないので、まず①行方不明者Bの生死や所在を調査した上で、②仮登記名義人Bの仮登記抵当権の抹消登記手続をするにはどのような方法があるかを検討することになります。

すなわち、Bの生死・所在が判明しない場合やB又はBの相続人の協力が得られない場合は、Aの単独申請による抹消登記手続をする方法を検討します。大きく分けて裁判所の手続を利用しない方法と裁判所の手続を利用する方法があります。

ケース 第2 権利部乙区

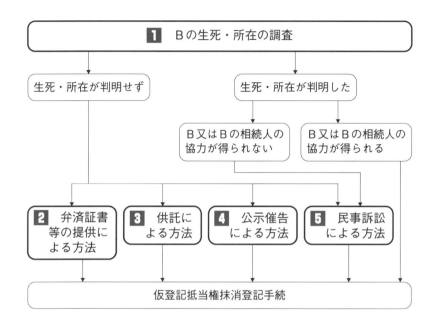

## 調査・解決の手続

### 1 Bの生死・所在の調査

まずは、Bの生死や所在について調査することになります。調査資料として、甲土地の登記事項証明書（コンピュータ化や法務大臣の命による移記閉鎖登記簿謄本も含みます。）、土地台帳の写し、Bの戸籍謄本（戸籍全部事項証明書）、住民票（除票）の写し、戸籍の附票を請求、収集することになります。また、登記記録上のBの住所地に赴き、近隣の人への聞き取り調査も必要となるでしょう。

B又はBの相続人が判明し、その者の協力が得られる場合は、AはB又はBの相続人との共同申請により抹消登記の申請を行います。

### 2 弁済証書等の提供による方法

裁判所の手続を利用しない方法の1つとして、登記義務者の所在が

知れないことを証する情報、債権証書並びに被担保債権及び最後の2年分の利息その他の定期金（債務不履行により生じた損害を含みます。）の完全な弁済があったことを証する情報（弁済証書、受取証書）を提供して、仮登記抵当権抹消登記をＡが単独申請する方法があります（不登70③前段）。

　弁済がなされたときは、弁済者は債権者に対して債権証書の返還請求（民487）及び受取証書（民486）の交付請求をすることができます。したがって、登記権利者がこれらの書類を保持している場合、抵当権の被担保債権が弁済されている蓋然性が高く、登記権利者による単独申請を認めても登記義務者の権利を害する可能性は低いといえるからです。

　しかしながら、実務的には利用は少ないと思われます。古い抵当権の場合、そもそも債権証書や受取証書がない場合が多く、仮に存在していても、登記実務上、受取証書に押印されている印影について登記義務者の印鑑証明書の添付が要求されるためです。

## ３　供託による方法

### (1)　供託を証する情報等の提供による単独申請の制度

　裁判所の手続を利用しないもう1つの方法として、登記義務者の所在が知れず、被担保債権の弁済期から20年を経過している場合は、被担保債権の元本、弁済期までに発生する利息及び弁済期の翌日から供託日までに発生する遅延損害金の全額を供託し、仮登記抵当権抹消登記をＡが単独申請をする方法があります（不登70③後段）。

### (2)　単独申請をするための添付情報

　　ア　登記義務者の所在が知れないことを証する情報

　次のいずれか1点があればよいです。

① 　市町村長の証明書

　　　登記記録上のＢの住所地にＢが居住していない旨の市町村長の証

明書としては、不在住証明が考えられます。しかしながら、多くの自治体では、住民票の記録がない旨を証明する形式であって、Bが居住していない旨の証明をする形式ではないので、実務上は市町村長の証明書の利用は困難でしょう。

② 警察官又は民生委員の証明書

Bが登記記録上の住所に居住していない旨の警察官又は民生委員の証明書です。警察官又は民生委員の資格を証明する文書の添付は不要です。また、民生委員の印鑑証明書の添付は不要です。警察官又は民生委員が証明書の交付に協力的ではない場合もありますので、次の③の書面の利用が実務上多いでしょう。

③ 受領催告書が不到達であることを証する書面

受領催告書をBの登記記録上の住所宛に配達証明付書留郵便で送付し、「宛て所に尋ねあたりません」又は「宛て名不完全で配達できません」とスタンプが押されて返戻された受領催告書を証する書面とする方法です。なお、受取人不在、受領拒否のスタンプが押されたものは不到達を証する書面とはなりません。

　　イ　被担保債権の弁済期を証する情報

昭和39年4月1日の不動産登記法改正前は、債権又は利息の弁済期の定めがあるときは、その定めも登記事項となっていました。現在、登記記録のほとんどがコンピュータ化されていますから、まずはコンピュータ化による移記閉鎖謄本を取得するのがよいでしょう。必要に応じて、例えば分筆元のコンピュータ化による移記閉鎖謄本や法務大臣の命による移記閉鎖謄本も取得するとよいです。弁済期の記載がない場合は、債権の成立日、その日付もない場合は抵当権の設定日を弁済期として扱って差し支えありません（昭63・7・1民三3499）。

　　ウ　イの弁済期から20年を経過した後に当該被担保債権、その利息及び債務不履行により生じた損害の全額に相当する金銭が供

託されたことを証する情報

　供託の根拠となる法令は民法494条ですので、弁済供託ですが、注意を要することがあります。まず、既に被担保債権の全部又は一部を弁済していたとしても、元本、利息、遅延損害金の全額を供託する必要があります。ですから、元本が高額の場合、利息、遅延損害金も高額になりますので、**4**の公示催告又は**5**の民事訴訟による方法が適切でしょう。また、遅延損害金は弁済の提供日までではなく、実際に供託をする日まで計算する必要があります。仮に供託書の損害金に関する内容が弁済提供日までのものであった場合、民事訴訟で被担保債権の消滅原因としての供託の事実を主張立証するには適切ですが、単独申請が認められる供託を証する情報にはなりません。

（3）　供託手続

　供託に必要な手続は、下記のとおりです。

| 作 成 書 類 | 供託書 |
|---|---|
| 供 託 者 | A |
| 管轄供託所 | Bの最後の住所地の供託所（住所地に属する最小行政区（市区町村）内に供託所がない場合は、住所地の属する行政区（都道府県）内の最寄りの供託所） |
| 添 付 書 類 | なし |

## **4**　公示催告による方法

（1）　公示催告の申立てによる除権決定

　裁判所の手続を利用する方法として、まず、非訟事件手続法99条に規定する公示催告の申立てをし、除権決定（非訟106①）を得て、仮登記

抵当権抹消登記をAが単独申請する方法があります（不登70①②）。裁判の形式は決定なので、口頭弁論は任意的です。したがって、申立人が裁判所に出頭することなく、書面審理で済む場合が多いです（事案によっては裁判所で申立人に対して審尋が行われる場合がありますので、出頭する可能性は全くないとはいえません。）。

　他方、申立てから除権決定が出るまで半年くらいかかりますので、注意してください。また、被担保債権の消滅時効を抵当権消滅の理由とする場合は、時効期間の完成のみならず、相手方に対して時効の援用をした事実を疎明する必要がありますが、公示催告の申立書をもって時効援用の意思表示に代えることはできません。この場合、あらかじめ時効の援用の意思表示の公示送達の申立てを行い、裁判所の掲示板等に掲載されて2週間経過した後に、あらためて公示催告の申立てをする必要があります。

（2）　申立手続

　公示催告の申立手続は、下記のとおりです。

| 作 成 書 類 | 公示催告申立書 |
|---|---|
| 申 立 権 者 | A |
| 管轄裁判所 | Bの最後の住所地又は不動産の所在地を管轄とする簡易裁判所 |
| 添 付 書 類 | 甲土地の登記事項証明書<br>Bの行方不明を証する書面<br>抵当権の不存在又は消滅を証する書面 |

（3）　申立後の手続

　裁判所が申立てを適法及び理由があると判断したときは、公示催告

手続開始及び公示催告をする旨の決定をします（非訟101）。公示催告は官報に掲載されます（非訟102①）。権利の届出の終期までの期間は、公示催告を官報に掲載した日から2か月を下ってはなりません（非訟103）（なお、東京簡易裁判所では4か月半のようです。）。

権利の届出の終期までに適法な権利の届出又は権利を争う旨の申述がない場合は、裁判所は除権決定をし、除権決定をした旨が官報に掲載して公告されます（非訟106①・107）。

その除権決定をした旨の官報を添付して、管轄法務局に仮登記抵当権抹消登記の申請を行います。

## 5 民事訴訟による方法

### (1) 仮登記抵当権の抹消登記手続請求の民事訴訟

裁判所を利用する方法として、仮登記抵当権抹消登記を求める民事訴訟を提起し、請求認容の確定判決をもって単独申請をする方法があります（不登63①）。

抵当権の被担保債権の債権額が高額で供託額が高額になるような場合や、仮登記抵当権抹消登記請求権（被担保債権や抵当権の不存在確認の訴えも併合請求した場合は、それらの不存在）について既判力をもって確定しておきたい場合は、民事訴訟による方法が適切です。

### (2) 手 続

民事訴訟の手続は、下記のとおりです。

| 作 成 書 類 | 訴 状 |
|---|---|
| 原 告 | A |
| 管轄裁判所 | ① Bの住所地を管轄とする簡易裁判所又は地方裁判所<br>② 甲土地の所在地を管轄とする簡易裁判所又は地方裁判所 |

| 添 付 書 類 | 甲土地の登記事項証明書<br>書証等の証拠の写し |
|---|---|

(3)　手続における注意点

原告の相手方、すなわち被告はB又はBの相続人です。しかし、B
が行方不明の場合は以下の方法を検討する必要があります。

　ア　訴状の公示送達

Bに訴状を送達することができず、就業場所も不明ですので、訴状
を公示送達してもらう方法が考えられます（民訴110①）。公示送達は受
訴裁判所の裁判所書記官が行いますので、裁判所書記官に対して公示
送達の申立書を提出します。ただし、仮登記抵当権設定登記の時期か
らしてBが死亡している蓋然性が高い場合、公示送達は不適（そもそ
も被告はBの相続人にすべきではないか）と判断される可能性があり
ますので、事前に裁判所書記官に相談しましょう。なお、公示送達に
よる場合、被告の擬制自白は成立しませんので、主要事実は証拠によ
って証明しなければなりません。一般的には、請求原因は、Aの所有
権に基づく妨害排除請求としての仮登記抵当権抹消登記請求が適切と
思われます。

　イ　Bについて不在者財産管理人を選任してもらう方法

民事訴訟の提起前に、あらかじめ、Bの最後の住所地を管轄とする
家庭裁判所に、Aが利害関係人として不在者財産管理人の選任申立て
をする方法があります（民25①）。

問題点としては、仮にBの不在者財産管理人が選任されたとしても、
実はBが死亡していた場合、不在者財産管理人の行為は無権代理とさ
れることです。ですから、家庭裁判所は選任に慎重になる可能性があ
ります。

もし、不在者財産管理人Xが選任された場合は、訴状には、当事者

として被告B、被告Bの法定代理人として不在者財産管理人Xを訴状に記載し、X宛に訴状を送達してもらうことになります。なお、Xは請求原因について否認又は不知と答弁する可能性が高いので、請求原因及び証拠の吟味はよく検討してください。

　ウ　民事訴訟法の特別代理人を選任してもらう方法

　遅滞のため損害を受けるおそれがあることを疎明して受訴裁判所の裁判長に特別代理人を選任してもらう方法が考えられます（民訴35①）。本来は、法定代理人がいない又は法定代理人が代理権を行使することができない未成年者又は成年被後見人に対して訴訟行為を行う場合の規定なのですが、相続人不明の相続財産について相続財産管理人が選任されていない場合など、広く準用が認められています。本ケースの場合も、民事訴訟法35条にストレートに当てはまる事例ではないので、受訴裁判所の裁判長の判断は分かれるかもしれませんが、公示送達に比べれば、相手方の手続保障の点において優れていますので、検討してみてください。

　特別代理人が選任された場合の訴状の表記、特別代理人の訴訟上の対応はイの場合と同様です。

（4）　訴訟後の手続

　仮登記抵当権の抹消登記手続を命じる判決書正本（単純執行文は不要）、確定証明書を添付して、管轄法務局に仮登記抵当権の抹消登記をAが単独申請します。

　本ケースの仮登記は抵当権設定仮登記ですが、仮に所有権の仮登記であったとしても仮登記の場合、住所証明書を添付する規定がありませんので、いい加減な住所で登記がされるというような場合もあります。また、金融機関の仮登記であれば、登録免許税の関係で順位保全をしているということも考えられますが、抵当権者が個人の場合には、その後仮登記を本登記にして抵当権の効力を対抗しようとする場合が

少なく、本ケースのように抵当権者が、仮登記を抹消せずに引っ越してしまい、連絡が取れなくなってしまうという場合が多くあります。

なお、抵当権設定仮登記の場合で共同抵当権の場合には、共同担保目録が備え付けられることとなっていますので、調査に当たっては、共同担保目録において他の共同担保物件の閲覧をするということも手掛かりを入手できる1つの方法ではあると思います。

ただし、これが根抵当権の場合には仮登記の状態では共同担保目録は備え付けられませんので、この方法は普通抵当権の設定仮登記の場合にのみ有効な手段です。

## Case24　期限切れの地上権が登記されたままになっており権利者の所在が分からない場合

　A町が所有する土地に、近隣地区の林業の育成を目的として、近隣地区の林業者Bのために存続期間99年の地上権を設定しましたが、登記名義人であるBは50年前に死亡し、林業を継ぐ者もなく山林は荒れ果てています。地上権の相続人は数度の相続（未登記）を経て多人数となり、権利者で所在が分からない者もいる中、5年前に99年の存続期間が満了しています。

### 処理の流れ

　地上権の抹消は、土地所有者と地上権者の共同申請でするのが原則です（不登60）。Bの相続人全員が抹消登記の当事者になります。A町が官公署なのでA町からの嘱託登記でもできますが、その場合でもBの相続人全員の抹消登記の承諾書（印鑑証明書付）が必要となります（不登116①）。

　第一段階の作業としてBの相続人全員を探索します。戸籍等の収集、関係者からの聞き取りなどで相続人を探し出し、地上権を法定相続していること、さらに存続期間が満了していることを説明し、地上権抹消の意思を確認します。相続人の所在が判明しない場合や、相続人が死亡しており、さらにその相続人が存在しない場合等は、不在者財産管理制度（民25①）、相続財産管理制度（民952①）を利用します。

　また、公示催告による除権決定又は公示送達を用いた地上権抹消登記請求訴訟による単独申請での抹消登記手続を利用する方法も考えられます。

ケース 第2 権利部乙区

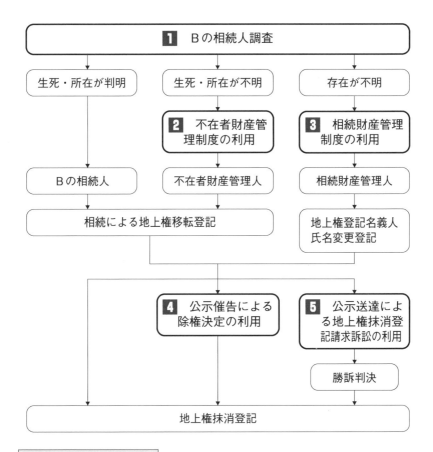

## 調査・解決の手続

### 1 Bの相続人調査

　登記記録上の地上権者の住所を手掛かりとして調査し、さらに関係者、近隣住民等から聞き取り調査をし、相続人の所在を調査します。相続人が死亡していることが判明したらその相続人の出生まで遡って除籍謄本、改製原戸籍等を取り寄せ、相続人の有無を調査します。
　相続人の存在が確認できたら、その相続人の戸籍謄本（戸籍全部事項証明書）及び戸籍の附票の写しを取り寄せ現在の所在を調査します。
　居住の確認、相続人であることの確認が取れたら相続人が地上権を

法定相続していること、更に存続期間が満了していることを説明し、相続による地上権移転登記をした上で地上権抹消の協力を求めます。

相続人が多数の場合、相続人間で相続放棄や相続分の譲渡によりある程度人数を絞り込んでおくことが効果的です（高齢化社会では相続人の調査中に更なる相続が発生する可能性もあります。）が、本ケースのように期限切れで消滅している地上権について地上権の準共有持分を譲渡するというような方法で相続人を集約することは地上権が存在していると思われ、財産的要求をされる恐れがあるので避けた方がよいでしょう。

なお、相続放棄や相続分の譲渡という方法であれば、地上権は消滅していても抹消登記義務の承継ということになるので登記手続的にも問題ありません。

## 2 不在者財産管理制度の利用

### (1) 不在者財産管理制度

相続人のいることが判明するも、その所在が確認できない場合、家庭裁判所に不在者財産管理人を選任してもらい（民25①）、不在者財産管理人に対し地上権抹消の協力を求めます。

なお、不在者財産管理人選任申立ての際に、不在者財産管理人候補者として事情を承知している司法書士や弁護士を立てることにより、手続がスムーズに進み、予納金も低廉な額になるのではないかと思われます。

不在者財産管理制度は、家庭裁判所の監督の下で不在者の財産を管理・保存する制度です。不在者財産管理人が地上権を抹消するには、家庭裁判所の権限外行為許可を必要とします（民28）。

### (2) 申立手続

#### ア 不在者財産管理人の選任

不在者の財産管理を開始するための不在者財産管理人選任の申立手続は、下記のとおりです。

| 作 成 書 類 | 家事審判申立書(不在者財産管理人選任)（後掲 書式 参照） |
|---|---|

| | |
|---|---|
| 申 立 権 者 | A町 |
| 管轄裁判所 | 不在者の従来の住所地を管轄とする家庭裁判所（不在者の財産所在地を管轄する家庭裁判所でも申立てを受け付けることができる場合があります。） |
| 添 付 書 類 | 不在者の戸籍謄本（戸籍全部事項証明書）、戸籍の附票の写し<br>不在者財産管理人候補者の住民票の写し<br>不在の事実を証する資料<br>不在者の財産に関する資料<br>申立人の利害関係を証する資料 |

　イ　権限外行為許可申立て

　不在者財産管理人選任後、不在者が法定相続している地上権の抹消を承諾するに際し家庭裁判所の許可が必要で、その申立手続は、下記のとおりです。

| | |
|---|---|
| 作 成 書 類 | 家事審判申立書（不在者の財産管理人の権限外行為許可）（後掲 書式 参照） |
| 申 立 権 者 | 不在者財産管理人 |
| 管轄裁判所 | 不在者財産管理人を選任した家庭裁判所 |
| 添 付 書 類 | 登記事項証明書<br>地上権抹消承諾書 |

(3)　申立後の手続の流れ

　不在者財産管理人が選任された後、不在者財産管理人が申し立てた地上権抹消に関する権限外行為許可審判が確定すれば、A町と共同申請で地上権抹消登記が申請できます。ただし、抹消登記の前提として、不在者名義への相続登記をする必要があります。これは不在者財産管理人が不在者の財産保存行為として単独で申請できますが（民103）、A町が代位者として嘱託登記をすることも可能です（民423①、不登116）。

294　　ケース　第2　権利部乙区

## 書式 家事審判申立書（不在者財産管理人選任）

| 受付印 | 不在者財産管理人選任申立書 |
|---|---|
| | （この欄に収入印紙800円分を貼ってください。） |
| 収入印紙　　　　　円 | |
| 予納郵便切手　　　円 | （貼った印紙に押印しないでください。） |

| 準口頭 | | 関連事件番号　平成　　　年（家　　）第　　　　　　　号 |
|---|---|---|

| ○○ 家庭裁判所　　御中　平成 ○ 年 ○ 月 ○ 日 | 申　立　人（又は法定代理人など）の 記 名 押 印 | A町　町長　○　○　○　○　㊞ |
|---|---|---|

| 添 付 書 類 | 不在者の戸籍謄本（戸籍全部事項証明書）・戸籍の附票の写し、不在者財産管理人候補者の住民票の写し、不在の事実を証する資料、財産目録、登記事項証明書、預貯金通帳の写し等、申立人の利害関係を証する資料 |
|---|---|

| 申立人 | 本　籍 | 都 道 / 府 県 | |
|---|---|---|---|
| | 住　所 | 〒 ○○○－○○○○　　　　　　　　　　　　電話　○○○（○○○）○○○○<br>○○県○○郡○○町○○番○号 | （　　　　　　方） |
| | 連絡先 | 〒　　－　　　　　　　　　　　　　　　　　電話　（　　　　）<br>A町役場内　○○課○○係　担当○○○○ | （　　　　　　方） |
| | フリガナ<br>氏　名 | 町長　○　○　○　○ | 大正<br>昭和<br>平成　○ 年 ○ 月 ○ 日生 |
| 不在者 | 本　籍 | ○○　都 道 / 府 県　○○郡○○町○丁目○番地 | |
| | 従来の住　所 | 〒 ○○○－○○○○　　　　　　　　　　　　電話　○○○（○○○）○○○○<br>○○県○○郡○○町○丁目○番○号 | （　　　　　　方） |
| | フリガナ<br>氏　名 | ○　○　○　○ | 大正<br>昭和<br>平成　○ 年 ○ 月 ○ 日生 |

不在者財産管理人（1/　）

| ケース | 第2　権利部乙区 | 295 |

---

| 申　立　て　の　趣　旨 |
| --- |
| 不在者の財産の管理人を選任する審判を求める。 |

| 申　立　て　の　理　由 |
| --- |

※　不在者は、平成〇年〇月〇日　（当時〇〇歳）から行方不明であるが、
　①　本人が財産管理人を置いていないため。
　2　本人が置いた財産管理人の権限が消滅したため。

申立人が、利害関係を有する事情
※
　1　不在者の親族　　2　債　権　者　　③　国・県
　4　そ　の　他

申立ての動機
※
　1　財　産　管　理　　②　売　　　　却　　3　遺　産　分　割（被相続人　　　　　　　　　）
　4　そ　の　他

具体的実情

　申立人は、不在者が相続で取得した地上権の目的物の所有者です。地上権は既に存続期間

を満了し、実体的には消滅していますが、不在者は財産管理人を置いていないため地上権抹

消の登記手続ができず、公共事業が頓挫しています。

　よって、申立ての趣旨のとおりの審判を求めます。

不在者が行方不明になった理由（具体的に）・性格・不在者について知っていることについて書いてください。

　申立人が地上権抹消のため登記記録上の所有者の住居を訪ねたところ、当人は50年前に死

亡していることが判明しました。近隣の住民から聞き取りをし、相続人がいたことは分かりま

したが被相続人の死後どこかへ転居し、戸籍等を調査してもその行方が判明しませんでした。

| 財産管理人候補者 | 本　　籍 | 〇〇　都道府県　〇〇郡〇〇町〇丁目〇番地 | |
| --- | --- | --- | --- |
| | 住　　所 | 〒　〇〇〇－〇〇〇〇　　　　　　　　　電話　〇〇〇（〇〇〇）〇〇〇〇　　〇〇県〇〇郡〇〇町〇丁目〇番〇号　　　　　　　　　　（　　　　方） | |
| | フリガナ氏　　名 | 〇　〇　〇　〇 | 大正昭和平成　〇年〇月〇日生 |
| | 職　　業 | 司法書士 | |
| | 不在者との関係 | ※　1　利害関係人（　　　　　　　　）　②　その他（　　　　　　　） | |

※あてはまる番号を〇でかこむ。

296 　ケース　第2　権利部乙区

## 書式 家事審判申立書（不在者の財産管理人の権限外行為許可）

| | |
|---|---|
| 受付印 | 家事審判申立書　　事件名（不在者の財産管理人の）<br>　　　　　　　　　　　　　　　　　　権限外行為許可 |
| 収入印紙　　　　　円<br>予納郵便切手　　　円<br>予納収入印紙　　　円 | （この欄に申立手数料として1件について800円分の収入印紙を貼ってください。）<br><br>（貼った印紙に押印しないでください。） |

| 準口頭 | 関連事件番号　平成　　　　年（家　　）第　　　　　　　　　　　　　　号 |
|---|---|

| | | |
|---|---|---|
| 　　　　○○ 家庭裁判所<br>　　　　　　　　　　　　御中<br>平成　○ 年 ○ 月 ○ 日 | 申　立　人<br>（又は法定代理人など）<br>の　記　名　押　印 | ○　○　○　○　　　㊞<br>（不在者財産管理人） |

| 添 付 書 類 | （審理のために必要な場合は、追加書類の提出をお願いすることがあります。）<br>登記事項証明書、地上権抹消承諾書 |
|---|---|

| 申 立 人 | 本　籍<br>（国　籍） | （戸籍の添付が必要とされていない申立ての場合は、記入する必要はありません。）<br>　　　　○○ 都道<br>　　　　　　府県　○○郡○○町○丁目○番地 | | |
|---|---|---|---|---|
| | 住　所 | 〒 ○○○ − ○○○○<br>　　　○○県○○郡○○町○丁目○番○号 | 電話　○○○（○○○）○○○○<br>（　　　　　　　方） | |
| | 連　絡　先 | 〒　　−<br> | 電話　　（　　　）<br>（　　　　　　　方） | |
| | フリガナ<br>氏　名 | ○　○　○　○ | 大正<br>昭和<br>平成　○ 年 ○ 月 ○ 日生<br>（　　　　　○○歳） | |
| | 職　業 | 司法書士 | | |
| ※<br>不 在 者 | 本　籍<br>（国　籍） | （戸籍の添付が必要とされていない申立ての場合は、記入する必要はありません。）<br>　　　　○○ 都道<br>　　　　　　府県　○○郡○○町○丁目○番地 | | |
| | 従来の<br>住　所 | 〒 ○○○ − ○○○○<br>　　　○○県○○郡○○町○丁目○番○号 | 電話　○○○（○○○○）○○○○<br>（　　　　　　　方） | |
| | 連　絡　先 | 〒　　−<br> | 電話　　（　　　）<br>（　　　　　　　方） | |
| | フリガナ<br>氏　名 | ○　○　○　○ | 大正<br>昭和<br>平成　○ 年 ○ 月 ○ 日生<br>（　　　　　○○歳） | |
| | 職　業 | 不明 | | |

（注）　太枠の中だけ記入してください。
※の部分は、申立人、法定代理人、成年被後見人となるべき者、不在者、共同相続人、被相続人等の区別を記入してください。
別表第一（1/　）

| ケ ー ス | 第2　権利部乙区 | 297 |

| 申　立　て　の　趣　旨 |
|---|
| 　申立人が、不在者○○○○の財産管理人として、別紙財産目録の不動産に設定された地上権抹消の登記をすることを許可する旨の審判を求めます。 |

| 申　立　て　の　理　由 |
|---|
| 1　申立人は、不在者○○○○の財産管理人です。 |
| 2　A町から、不在者の相続した地上権が存続期間を満了しているので抹消したいとの申入れがあり、実体上も地上権は消滅していると思われるので応じたいと考えています。 |
| 3　よって、申立ての趣旨のとおりの審判を求めます。 |

〔別紙　省略〕

別表第一（　/　）

## 3 相続財産管理制度の利用

### (1) 相続財産管理制度

相続人があることが明らかでない場合、家庭裁判所に相続財産管理人を選任してもらい（民952①）、相続財産管理人に対し地上権抹消の協力を求めます。

なお、相続財産管理人選任申立ての際に、相続財産管理人候補者として事情を承知している司法書士や弁護士を立てることにより、手続がスムーズに進み、予納金も低廉な額になるのではないかと思われます。

相続財産管理制度は、家庭裁判所の監督の下で被相続人の財産を管理・清算する制度です。相続財産管理人が地上権を抹消するには、家庭裁判所の権限外行為許可を必要とします（民953・28）。

### (2) 申立手続

#### ア 相続財産管理人の選任

被相続人の財産管理を開始するための相続財産管理人選任の申立手続は、下記のとおりです。

| | |
|---|---|
| 作 成 書 類 | 家事審判申立書（相続財産管理人選任）（後掲 書式 参照） |
| 申 立 権 者 | A町 |
| 管轄裁判所 | 被相続人の最後の住所地を管轄とする家庭裁判所 |
| 添 付 書 類 | 被相続人の除籍謄本等（出生から死亡まで）<br>被相続人の住民票除票の写し<br>被相続人の父母の除籍謄本等（出生から死亡まで）<br>被相続人の財産を証する資料<br>申立人の利害関係を証する資料 |

イ　権限外行為許可申立て

相続財産管理人選任後、地上権の抹消をするに際し家庭裁判所の許可が必要で、その申立手続は、下記のとおりです。

| 作 成 書 類 | 家事審判申立書(相続財産管理人の権限外行為許可)<br>(後掲書式参照) |
|---|---|
| 申 立 権 者 | 相続財産管理人 |
| 管轄裁判所 | 相続財産管理人を選任した家庭裁判所 |
| 添 付 書 類 | 登記事項証明書<br>地上権抹消承諾書 |

(3)　申立後の手続の流れ

相続財産管理人が選任された後、相続財産管理人が申し立てた地上権抹消に関する権限外行為許可審判が確定すれば、A町と共同で抹消登記を申請できるようになります。ただし、抹消登記の前提として、相続財産法人への地上権登記名義人氏名変更の登記をする必要があります。これは相続財産管理人が被相続人の財産保存行為として単独で申請できますが(民103)、A町が代位者として嘱託登記をすることも可能です（民423①、不登116）。

300　　　ケース　第2　権利部乙区

## 書式 家事審判申立書（相続財産管理人選任）

| 受付印 | 相続財産管理人選任申立書（相続人不存在の場合） |
|---|---|
| | （この欄に収入印紙800円分を貼ってください。） |

| 収入印紙　　　　　円 | |
|---|---|
| 予納郵便切手　　　円 | （貼った印紙に押印しないでください。） |

| 準口頭 | | 関連事件番号　平成　　　年（家　　）第　　　　　　　　　　号 |
|---|---|---|

| ○○ 家庭裁判所<br>御中<br>平成 ○ 年 ○ 月 ○ 日 | 申　立　人<br>（又は法定代理人など）<br>の　記　名　押　印 | A町　町長 ○ ○ ○ ○ ㊞ |
|---|---|---|

| 添付書類 | 被相続人の除籍謄本等（出生から死亡まで）、被相続人の住民票除票の写し、被相続人の父母の除籍謄本等（出生から死亡まで）、財産目録、登記事項証明書、預貯金通帳の写し等、申立人の利害関係を証する資料 |
|---|---|

| 申立人 | 本　籍 | 都 道<br>府 県 | | |
|---|---|---|---|---|
| | 住　所 | 〒 ○○○ － ○○○○<br>○○県○○郡○○町○○番○号 | 電話　○○○（○○○）○○○○ | （　　　　　　方） |
| | 連絡先 | 〒　　 －<br>A町役場内　○○課○○係　担当○○○○ | 電話　（　　　）<br>（　　　） | （　　　　　　方） |
| | フリガナ<br>氏　名 | 町長 ○ ○ ○ ○ | 大正<br>昭和<br>平成 | ○ 年 ○ 月 ○ 日生 |

| 被相続人 | 本　籍 | ○○　都 道<br>府 県 | ○○郡○○町○丁目○番地 | |
|---|---|---|---|---|
| | 最後の<br>住　所 | 〒 ○○○ － ○○○○<br>○○県○○郡○○町○丁目○番○号 | | （　　　　　　方） |
| | フリガナ<br>氏　名 | B | 大正<br>昭和<br>平成 | ○ 年 ○ 月 ○ 日生 |
| | 死亡当時<br>の<br>職　業 | 不明 | | |

相続財産管理人（1/　）

ケース 第2 権利部乙区 301

| 申　立　て　の　趣　旨 |
|---|
| 被相続人の相続財産の管理人を選任する審判を求める。 |

| 申　立　て　の　理　由 | |
|---|---|
| ※　被相続人は、昭和○年○月○日に死亡したが、<br>　①　相続人があることが明らかでないため。<br>　2　相続人全員が相続の放棄をしたため。<br><br>申立人が利害関係を有する事情<br>※<br>　1　相　続　債　権　者　　　2　特　定　受　遺　者<br>　3　相続財産の分与を請求する者　　④　そ　　　の　　　他 | |
| (その具体的実情)<br><br>　申立人は、被相続人が登記名義人となっている地上権の目的物<br><br>の所有者です。<br><br>　地上権は既に存続期間を満了し、実体的には消滅しています<br><br>が、被相続人は相続人があることが明らかでないため地上権抹消<br><br>の登記手続ができず、公共事業が頓挫しています。<br><br>　よって、申立ての趣旨のとおりの審判を求めます。 | 相　続　財　産<br><br>※<br><br>①　土　　　　　地<br>2　建　　　　　物<br>3　現　　　　　金<br>4　預　・　貯　金<br>5　有　価　証　券<br>6　貸金等の債権<br>7　借地権・借家権<br>8　そ　　の　　他<br><br>内訳は別紙遺産目録のとおり |
| | 遺言　※<br>　　　1有　2無　③不明 |
| (備　考)<br><br><br><br><br> | |

※あてはまる番号を○でかこむ。

相続財産管理人（2/　）

302 　ケース　第2　権利部乙区

## 書式 家事審判申立書（相続財産管理人の権限外行為許可）

| 受付印 | 家事審判申立書　　事件名（相続財産管理人の　　　） |
|---|---|
| | 　　　　　　　　　　　　　権限外行為許可 |

（この欄に申立手数料として1件について800円分の収入印紙を貼ってください。）

（貼った印紙に押印しないでください。）

| 収入印紙 | 円 |
|---|---|
| 予納郵便切手 | 円 |
| 予納収入印紙 | 円 |

| 準口頭 | | 関連事件番号　平成　　　年（家　　）第 | 号 |
|---|---|---|---|

| ○○ 家庭裁判所 御中 平成 ○ 年 ○ 月 ○ 日 | 申　立　人（又は法定代理人など）の 記 名 押 印 | ○　○　○　○（相続財産管理人） ㊞ |
|---|---|---|

| 添付書類 | （審理のために必要な場合は、追加書類の提出をお願いすることがあります。）登記事項証明書、地上権抹消承諾書 |
|---|---|

| 申立人 | 本　籍（国　籍） | （戸籍の添付が必要とされていない申立ての場合は、記入する必要はありません。）○○ 都道府⑲ ○○郡○○町○丁目○番地 |
|---|---|---|
| | 住　所 | 〒 ○○○ー○○○○　　　　　電話　○○○（○○○）○○○○ ○○県○○郡○○町○丁目○番○号 （　　　　　　方） |
| | 連絡先 | 〒　　ー　　　　　　　　　　　電話　（　　　）（　　　　　　方） |
| | フリガナ 氏　名 | ○　○　○　○ 　大正㉚昭和平成 ○年○月○日生（　　　　　○○歳） |
| | 職　業 | 司法書士 |
| ※被相続人 | 本　籍（国　籍） | （戸籍の添付が必要とされていない申立ての場合は、記入する必要はありません。）○○ 都道府⑲ ○○郡○○町○丁目○番地 |
| | 最後の住　所 | 〒 ○○○ー○○○○　　　　　電話　○○○（○○○）○○○○ ○○県○○郡○○町○丁目○番○号 （　　　　　　方） |
| | 連絡先 | 〒　　ー　　　　　　　　　　　電話　（　　　）（　　　　　　方） |
| | フリガナ 氏　名 | B 　大正㉚昭和平成 ○年○月○日生（　　　　　○○歳） |
| | 職　業 | 不明 |

（注）　太枠の中だけ記入してください。
※の部分は、申立人、法定代理人、成年被後見人となるべき者、不在者、共同相続人、被相続人等の区別を記入してください。
別表第一（1/　）

| ケース | 第2　権利部乙区 | 303 |
| --- | --- | --- |

| 申　　立　　て　　の　　趣　　旨 |
| --- |
| 　申立人が、被相続人Bの財産管理人として、別紙財産目録の不動産に設定された地上権抹消の登記をすることを許可する旨の審判を求めます。 |

| 申　　立　　て　　の　　理　　由 |
| --- |
| 1　申立人は、被相続人Bの財産管理人です。 |
| 2　A町から、被相続人が登記名義人となっている地上権が存続期間を満了しているので抹消したいとの申入れがあり、実体上も地上権は消滅しているので応じたいと考えています。 |
| 3　よって、申立ての趣旨のとおりの審判を求めます。 |

〔別紙　省略〕

別表第一（　/　）

304　　ケース　第2　権利部乙区

## 4　公示催告による除権決定の利用

### (1)　公示催告

公示催告とは、裁判所が不特定又は不分明の利害関係人に対して、一定の期間内に届出をしないと失権する旨の警告を付して権利届出の催告をすることです（非訟99）。

管轄は簡易裁判所です（非訟100）。審査の結果、公示催告手続開始決定及び公示催告決定がなされ、官報に公告が掲載されます（非訟101・102①）。

### (2)　除権決定

公示催告が官報に掲載されてから権利を争う旨の申述の終期までに、適法な権利を争う旨の申述がない場合、又はその申述に理由がない場合には、除権決定がなされ（非訟106①）、申立人には除権決定正本が送付されます。申立人は除権決定正本を添付して登記義務者の協力なしで抹消登記の申請ができます（不登70②）。

### (3)　申立手続

公示催告の申立手続は、下記のとおりです。

| 作 成 書 類 | 公示催告申立書（後掲 書式 参照） |
|---|---|
| 申 立 権 者 | A町 |
| 管轄裁判所 | Bの最後の住所地又は不動産の所在地を管轄とする簡易裁判所 |
| 添 付 書 類 | 土地の登記事項証明書<br>Bの行方不明を証する書面 |

ケース 第2 権利部乙区 305

## 書式 公示催告申立書

公示催告申立書

平成○年○月○日

○○簡易裁判所　御中

〒○○○－○○○○
住所　○○県○○郡○○町○丁目○番○号
申立人　　A町　町長○○○○
TEL　○○○（○○○）○○○○
FAX　○○○（○○○）○○○○

失権すべき権利の表示

申立人所有の○○県○○郡○○町○番山林○○平方メートルにつき、○○県○○郡○○町○丁目○番○号Bのため、○○法務局○○出張所大正○年○月○日受付第○号、同日地上権設定契約、地上権の範囲土地全部、地上権の目的竹木所有、存続期間99年とする地上権設定登記。

申立ての趣旨

前記の権利につき公示催告の上、除権決定を求める。

申立ての理由

前記地上権は存続期間の満了により消滅しているので、申立人は前記地上権設定登記の抹消登記を申請したいのであるが、当初の地上権者であるBは昭和○年○月○日死亡し、抹消登記義務者であるBの相続人は所在が不明につき登記申請に協力を求めることができない。

よって、公示催告の上、除権決定を得たく、本申立てをする。

添付書類

1　登記事項証明書　　　　　　1通
2　不在証明書　　　　　　　　1通
3　調査報告書　　　　　　　　1通

## 5 公示送達による地上権抹消登記請求訴訟の利用

　Bの相続人で所在が分からない者を相手取って訴訟を提起します。Bの相続人が行方不明だと訴状が送達できませんので、公示送達の申立てもします（民訴110）。

　公示送達を利用した場合、欠席裁判での自白の擬制がないので事実関係を全て立証する必要があります（民訴159③）。また、求める判決も地上権抹消登記手続を命ずる給付判決でなければなりません。

　なお、地上権の抹消登記を求めるに際し、請求の原因を存続期間満了とするか所有権に基づく妨害排除請求とするかによって訴訟上の立証方法が異なります。

　所有権に基づく妨害排除請求の方が、所有の事実と地上権が所有権を妨害しているという事実を登記事項証明書により証明するだけで足り、訴訟の方法としては労力が少なく済むと思われます。

　以上の手法は、登記された借地権又は賃借権で権利者の所在が分からない場合に応用できます。

　また、権利者不明の地役権についても同様です。


〔参考〕訴状（地上権抹消登記手続請求）

---

訴　　　状

平成○年○月○日

○○地方裁判所　　御中

原　告　　A町　町長○○○○　㊞

〒○○○－○○○○

○○県○○市○○町○丁目○番○号

原　告　　A町　町長○○○○

連絡先担当○○課○○○○

|ケース| 第2　権利部乙区　　　　　　　　　　307

TEL　○○○−○○○−○○○○
FAX　○○○−○○○−○○○○
〒○○○−○○○○
○○県○○市○○町○丁目○番○号
被　告　　Bの相続人○○○○

地上権抹消登記手続請求事件

訴訟物の価額　　金○○○○円
貼用印紙額　　　金○○○○円

請求の趣旨
1　被告は、原告に対し、別紙物件目録記載の土地に設定された、○○法務局○○出張所大正○年○月○日受付第○号地上権設定登記について平成○年○月○日存続期間満了を原因とする抹消登記手続をせよ。
2　訴訟費用は被告の負担とする。
との判決を求める。

請求の原因
1　原告は別紙物件目録記載の土地（以下「本件土地」という。）を所有している。
2　大正○年○月○日、本件土地に対して、存続期間を大正○年○月○日から99年とする地上権が設定され、○○法務局○○出張所大正○年○月○日受付第○号で地上権設定登記を経由している。
3　前項記載の地上権は、平成○年○月○日に存続期間が満了したことにより消滅した。
4　当初の地上権登記名義人である訴外Bは昭和○年○月○日に死亡し、被告は、他の相続人と共に地上権を相続した。なお、被告以外の他の相続人については、地上権抹消登記申請に必要な協力が得られている。
5　よって、原告は被告に対し、所有権に基づき、本件土地について請求の趣旨記載の地上権抹消登記手続をすることを求める。

証拠方法
1　甲1号証（土地登記事項証明書）

308 | ケース | 第2 権利部乙区

```
                        附属書類
1  訴状副本              1通
2  甲号証写し            2通
3  固定資産評価証明書      1通
```

〔別紙　省略〕


## 〔参考〕公示送達申立書

公示送達申立書

原　告　　A町　町長○○○○
被　告　　Bの相続人○○○○

　上記当事者間の貴庁平成○年（ワ）第○号地上権抹消登記手続請求事件について、被告の住所、居所その他送達をなすべき場所が知れないので、通常の手続で訴状等の送達ができないから公示送達によることを許可されたく申立てをします。

平成○年○月○日

上記原告　　A町　町長○○○○　　㊞

○○地方裁判所民事第○○部　　御中

添付書類
1　住民票謄本
2　報告書

不動産
権利者の調査・特定をめぐる実務

平成31年2月4日　初版発行

編　著　山　田　猛　司
発行者　新日本法規出版株式会社
代表者　服　部　昭　三

| | | |
|---|---|---|
| 発 行 所 | **新日本法規出版株式会社** | |
| 本　　社<br>総轄本部 | (460-8455) | 名古屋市中区栄 1 － 23 － 20<br>電話　代表　052(211)1525 |
| 東京本社 | (162-8407) | 東京都新宿区市谷砂土原町2－6<br>電話　代表　03(3269)2220 |
| 支　　社 | 札幌・仙台・東京・関東・名古屋・大阪・広島<br>高松・福岡 | |
| ﾎｰﾑﾍﾟｰｼﾞ | http://www.sn-hoki.co.jp/ | |

※本書の無断転載・複製は、著作権法上の例外を除き禁じられています。＊
※落丁・乱丁本はお取替えします。　　　　　　ISBN978-4-7882-8501-9
5100048　権利者調査　　　　　　　　©山田猛司 2019 Printed in Japan